Harbor
Quebec
St. Lawrence River
USA
ME
Halifax
Bangor
Montreal
Ottawa
Camden
Ausschnitt siehe links
Portland
Gulf of Main
Kennebunkport
NH
ke Ontario
Cape Cod Canal
Albany
Boston
Cape Cod Bay
Springfield
MA
RI
ffalo
Narragansett Bay
Falmouth
NY
CT
Newport
Buzzard's Bay
New Haven
Block Island
Montauk
Newark
Long Island
Susquehanna River
Allentown
New York
Philadelphia
Atlantik
NJ
burgh
Atlantic City
Baltimore
Cape May
Annapolis
Delaware Bay
Washington
DE
MD
Potomac
Chesapeake Delaware Canal
tains
Richmond
Chesapeake Bay
VA
Norfolk
N
Cape Hatteras
NC
Raleigh
Die Route
Beaufort
Morehead City
tte
Schiffsroute
Wilmington
SC
0
400 km
bia
rgetown

Deborah Scaling
Ich will überleben

DEBORAH SCALING
MIT MEG NOONAN

ICH WILL ÜBERLEBEN

DER DRAMATISCHE KAMPF EINER FRAU AUF HOHER SEE

Aus dem Amerikanischen
von Peter A. Schmidt

GUSTAV LÜBBE VERLAG

Ein Hinweis an die Leser:

Liebe Segler,
Sie werden in diesem Buch möglicherweise viele Fachbegriffe aus der Seglersprache vermissen, die Ihnen aus der Beschreibung von Schiffsaufbauten oder von Segelmanövern her vertraut sind. Dieses Buch wendet sich jedoch nicht nur an Segler. Der Verlag bittet Sie deshalb um Verständnis dafür, daß er sich entschlossen hat, eine Reihe von Fachbegriffen durch alltagssprachliche Wörter und Wendungen zu ersetzen, die es jedem Leser ermöglichen sollen, das hier Beschriebene miterleben zu können.

Copyright © 1994 by Deborah Scaling Kiley and Meg Noonan
Die amerikanische Originalausgabe erschien 1994 unter dem Titel »Albatross. The True Story of a Woman's Survival at Sea« bei Houghton Mifflin Company, Boston/New York.

Für die deutschsprachige Ausgabe:

Copyright © 1994 by Gustav Lübbe Verlag GmbH, Bergisch Gladbach
Textredaktion: Diethelm Kaiser, Lektoratsbüro Bonn
Schutzumschlag: KOMBO Kommunikationsdesign, Köln
Satz: Dörlemann-Satz, Lemförde
Druck und Einband:
Offizin Andersen Nexö Leipzig GmbH, Leipzig

Alle Rechte vorbehalten. Kein Teil dieses Buches darf ohne ausdrückliche Genehmigung des Verlages in irgendeiner Form reproduziert oder übermittelt werden, weder in mechanischer noch in elektronischer Form, einschließlich Fotokopie.

Printed in Germany
ISBN 3-7857-0749-5 X

Gewidmet Brad Cavanagh,
der mit mir überlebte,
und meinem Mann John
sowie meinen Kindern
Marka und Quatro, ohne die
ich das Überleben nicht
überstanden hätte.

Wer Tiefen und Höhen erfahren
kann nimmer
jenen Frieden genießen –
wie ein ruhig Herz ihn begreift:
Efeuumrankte Mauer, ein stiller Garten,
der vertraute Zauber einer Rose.
Auch wenn auf der Menschen Alltagspfaden
er wandelt, wird seine Zunge Alltäglichem
abhold sein.

Februar 1984
KENNEBUNKPORT, MAINE

Ich weiß selbst nicht, warum ich mich an diesem eiskalten Februarsonntag hatte überreden lassen, zum Wellenreiten zu gehen. Ich war eine miserable Wellenreiterin und hatte obendrein einen furchtbaren Kater. Ein mächtiger Nordostwind hatte aber gerade vor der Küste von Maine abgedreht und gigantische, sich tunnelförmig brechende Wellen hinterlassen. Woody machte mir klar, daß es geradezu meine Pflicht sei, diese einmaligen Bedingungen auszunutzen.

»Sei kein Feigling«, neckte er mich am Telefon und wußte genau, daß ich darauf anspringen würde. Noch nie in meinem Leben hatte ich vor einer Herausforderung gekniffen. Vielleicht war es Mut, vielleicht auch nur Doofheit – was auch immer es war: Ich hatte jedenfalls eine Extraportion davon mitbekommen. Und in all den Jahren hatte es mir unerträglichen Seelenschmerz, aber gleicherweise auch unvorstellbares Entzücken beschert.

Woody holte mich vor dem weißen, mit Brettern verschalten Häuschen ab, das ich gemietet hatte. Er machte eine Ausbildung als Lehrer an der Schule für Yachtdesign und Bootsbau, an der auch ich studierte.

»Lebst du noch?« fragte er mit einer vom vergangenen Abend noch etwas belegten Stimme, während ich in das Führerhaus seines alten Pritschenwagens kletterte.

»So lala.«

»War eine prima Party.«

»Tolle Party«, gab ich zurück und massierte die pochende Stelle knapp über meinen Augenlidern.

Die Heizung von Woodys Lieferwagen blies mir kalte Luft auf die Knie, während wir auf einem verlassenen Sträßchen Richtung Strand fuhren. An der Küste von Maine herrschte jetzt die trostlose Saison zwischen Weihnachten und der Invasion der ersten Touristen. Alles war in ein tristes Grau getaucht – der tiefhängende Himmel, die kahlen Bäume, die verlassenen Strandhäuser und die vereinzelten schottergesprenkelten Schneeflecken längs der Straße.

»Mann, ist das öde hier«, sagte ich und stieß mit dem Fuß nach einer vollen Flasche Jack Daniels, die auf dem sandigen Wagenboden herumkullerte.

»Die ist für nachher. Nimm dir ein Bier. Hinter dem Sitz liegt eine Sechserpackung.«

Ich riß eine Dose Budweiser auf und starrte zum Fenster hinaus. Wir kamen gerade am White Barn Inn vorbei, einem der wenigen Restaurants in dieser Gegend, die das ganze Jahr über geöffnet waren. Rauch kringelte aus dem Schornstein, und auf dem Parkplatz standen ein paar streusalzverkrustete Autos.

Je näher wir dem Strand kamen, desto mehr wünschte ich mir, im White Barn zu sitzen, eine Bloody Mary zu schlürfen und englische Teekuchen mit Schlagrahm zu mampfen. Statt dessen fror ich mir in dieser Schrottkiste den Hintern ab, mein Schädel brummte, und ich ging zum Wellenreiten.

Wir hielten vor dem breiten Sandstrand, der wie festgestampft wirkte, und parkten. Das Meer war dunkel und wild und sah so tückisch aus, wie ich es hier noch nie zuvor gesehen hatte. Draußen hinter der Brandungslinie saß ein halbes Dutzend Wellenreiter rittlings auf den Brettern. Zwei von ihnen versuchten paddelnd auf denselben riesigen Wellenberg zu gelangen, aber noch bevor sie sich aufrichten konnten, wurden sie von ihren Brettern katapultiert, als hätte man sie aus einer Kanone herausgeschossen.

»Mist, das sind ja Riesendinger«, sagte ich und goß das Bier in einem einzigen langen Zug hinunter. Ich fühlte mich etwas mulmig. Tief durchatmen, sagte ich mir, ganz tief atmen. Meine Hände zitterten. Ich haßte es, wenn mir so zumute war. Früher einmal hatte ich das Meer – selbst wenn es sich in seiner ganzen Gewalttätigkeit zeigte – mehr geliebt als alles andere. Jetzt machte es mir angst.

»Auf geht's!« Woody trommelte mit den Fäusten auf das Lenkrad. »Schlagartiges Abklingen der Katersymptome wird garantiert.«

Er kletterte aus dem Lieferwagen und holte die Surfbretter von der Ladepritsche. Er klemmte sich eines davon unter den Arm, und während er mir zuschrie mitzukommen, rannte er schon zum Wasser. Ich stieg aus, hob das andere Brett auf und schlang mir die Fangleine um den Knöchel. Ich gab mir einen Ruck und ging auf die Brandung zu.

Als ich an der Wasserlinie anlangte, war Woody schon hinter den Wellenkämmen verschwunden. Ich ging ins Wasser. Obwohl ich einen Taucheranzug anhatte, raubte die Kälte mir den Atem. Ich legte mich bäuchlings auf das Brett und paddelte, so schnell ich konnte, bis ich mich durch die Brecherzone hindurchgearbeitet hatte.

Ich war jetzt allein. Woody und die anderen waren etwas weiter draußen, verborgen hinter gewaltigen Kämmen von düsterem Wasser. Meine Zähne klapperten. Ich saß rittlings auf dem Brett. Mit jeder Woge schwebte ich auf und ab. Ich habe hier nichts zu suchen, sagte ich mir. Dann schrie ich es in den Wind: »Ich will nicht ins Meer, nie wieder!«

Ich schaute zurück und sah eine große Welle auf mich zukommen. Ich legte mich aufs Surfbrett und begann, kräftig zu paddeln. Dann fühlte ich, wie mich die Welle emporhob, und plötzlich raste ich auf das Ufer zu. Als mein Brett in einer Woge von weißem Schaum auf den Sandstrand schlitterte, sprang ich auf und zog es aus dem Wasser. Ich zitterte am ganzen Körper.

Vielleicht sollte ich mich, bis Woody herauskam, einfach in den Kleinlaster setzen, dachte ich. Einen Ritt habe ich schließlich gemacht ... Ich hatte gesagt, ich würde surfen, und das habe ich auch getan. Das müßte doch eigentlich genügen. Woody kam auf einer Welle auf den Strand zu gesaust. Er schwang sich von seinem Brett und winkte mir, wieder hinauszukommen.

Okay, dann eben noch ein letztes Mal. Damit laß ich es aber gut sein. Ich suche mir jetzt eine leichte Welle, so einen gemütlichen kleinen Flitzer. Ich paddelte wieder hinaus, arbeitete mich die großen Wogen hinauf und über sie hinüber. Ich setzte mich rittlings auf mein Brett und holte ein paarmal tief Luft. Dann war plötzlich ein gewaltiger Wellenkamm über mir, brach sich und zog mich in seine Strudel hinab. Die Fangleine des Surfbretts zerrte mein Bein nach hinten. Ich wurde abwärts gerissen – oder empor? Ich vermochte es nicht zu sagen. Die Luft ging mir aus, aber das Wasser hielt mich gefangen. Mit heißen Nadeln fuhr die Panik in meinen Körper, und plötzlich waren schlagartig sämtliche Erinnerungen wieder wach. Die Flut der Bilder hatte kaum eingesetzt, da war sie auch schon nicht mehr aufzuhalten.

Alles war wieder da: das Boot und das Unwetter und der Wind und die Haie und die Kälte und die Angst, diese fürchterliche, eisblaue Angst. Ich wollte, daß es aufhört, aber ich wurde herumgeworfen und bekam keine Luft und fiel in die Tiefe und kam nicht nach oben und war völlig machtlos.

Irgendwie kämpfte ich mich doch an die Oberfläche. Ich würgte und mußte mich ins Wasser erbrechen. Eine neue Woge packte mich, wirbelte mich zurück und riß mich wieder nach unten, bis ich mit der Schulter über den Grund schürfte. Dann kam eine neue Welle und noch eine. Jegliche Orientierung war mir abhanden gekommen. Ich war völlig hilflos und wußte nicht mehr, wo unten und oben war. Schließlich spürte ich, wie meine Füße in den Sand des Strandes schlugen, und schaffte es, mich aus dem Wasser zu schleppen. Heulend und nach Atem ringend, taumelte ich zum Lieferwagen.

Die gräßlichen Dinge, die ich versucht hatte, in mir zu vergraben, waren jetzt überall. In der donnernden Brandung hörte ich Schreie, und im verrottenden Tang roch ich verfaulendes Fleisch. Ich kletterte in den Kleinlaster und schlug die Tür zu. Dann legte ich den Kopf auf die Knie und begann zu weinen.

Woody riß die Fahrertür auf. »Was machst du denn hier drinnen?« fragte er. »Du verpaßt ja die besten Wellen.«

»Ich will nach Hause«, sagte ich. Ich saß jetzt schon zwanzig Minuten im Wagen und zitterte noch immer.

»Ist dir kalt? Ich hatte mir schon gedacht, daß dir dieser Anzug zu groß ist.«

»Ich muß jetzt nach Hause.« Ich blickte starr nach vorn.

»Was ist los? Ist dir schlecht?«

»Ich muß einfach weg hier.«

»Kannst du dich nicht noch ein bißchen gedulden? Ich möchte gerne noch einmal rauspaddeln.«

»Würdest du mich jetzt bitte nach Hause bringen«, sagte ich betont langsam. Durchatmen, befahl ich mir. Ruhig durchatmen.

»Okay, geht in Ordnung. Ich möchte nur erst ein paar trockene Sachen anziehen. Willst du dich nicht auch umziehen? Du siehst aus, als ob du frierst . . .«

»Mensch, Woody, ich meine es ernst«, schluchzte ich und fing erneut an zu heulen. Ich konnte einfach nicht aufhören. »Ich muß nach Hause! Jetzt steig in den verdammten Laster, und bring mich nach Hause!«

»Okay, ich komm ja schon, aber mach kein Theater.« Woody stieg ein und ließ den Motor an.

»Tut mir leid«, sagte ich und verbarg mein Gesicht in den Händen.

Schweigend fuhr Woody mich nach Hause. In der Schule war allgemein bekannt, daß ich ein schweres Segelunglück gehabt hatte. Ich hatte mich auch mit Woody kurz darüber unterhalten. Er war sehr verständnisvoll, doch es war mir klar, daß er von dem, was ich durchgemacht hatte, nicht die geringste Ahnung haben konnte.

Aus heutiger Sicht muß ich sagen, daß auch ich damals noch so gut wie nichts begriffen hatte. Ich glaubte, ich würde mit der Sache ganz gut zurechtkommen. Ich war hart im Nehmen . . . Ich konnte damit fertig werden. Es ist wie mit dem Reiten, Deb, hatte ich mir eingeredet. Du mußt nur einfach aufsteigen.

Über das, was ich im Oktober 1982 erlebt hatte, hatte ich kaum gesprochen. Ich hatte versucht, das Ganze loszuwerden, wie einen alten Müllbeutel. Ich dachte, wenn ich mich ganz normal verhalten würde – die Schule besuchen, fernsehen und auf Parties gehen –, dann wäre ich auch normal. Aber das war ein Irrtum.

Als Woody endlich vor meiner Haustür anhielt, sprang ich aus dem Kleinlaster und rannte ins Haus. Ich sank gegen die Tür, die ich hinter mir verriegelt hatte, und begann zu schluchzen. Ich heulte, bis es dunkel war, dann kroch ich ins Bett und heulte weiter, bis es wieder hell wurde.

Während der nächsten drei Wochen versteckte ich mich hinter meiner verriegelten Tür und antwortete noch nicht einmal, als meine Freunde kamen, um nach mir zu sehen. Ich ging nicht zur Schule. Ich aß kaum etwas. Und wenn ich doch etwas zu mir nahm, steckte ich mir anschließend den Finger in den Hals, damit ich alles wieder erbrach. Ich wollte es aus mir heraus haben – ich wollte, daß alles aus mir herauskam.

Die einzigen, mit denen ich sprach, waren mein Vater in Texas und meine Mutter in New Orleans. Mein Vater hörte mir zu und bemühte sich um tröstliche Worte. Auch meine Mutter versuchte mir beizustehen, aber es war ihr anzumerken, daß sie von meinen Problemen einfach nichts mehr hören wollte. Sie hatte bei Gott selbst genug Schwierigkeiten. Ich umklammerte das Telefon mit beiden Händen, und mit einer Stimme, die ich kaum als meine eigene erkannte, sagte ich den beiden wieder und wieder, daß ich langsam verrückt würde und unbedingt hier herauskommen müßte.

Mein Vater sagte schließlich, er werde mir ein Flugticket schicken. Ich hatte keine Ahnung, was ich anfangen sollte, wenn ich erst einmal bei ihm in Texas angekommen war. Ich wußte nur, daß ich hier herausmußte. Ich mußte die Dinge, die mich wahnsinnig machten, hinter mir lassen: das ewige Gerede über Boote, den Geruch bei Ebbe, die Leute, die mir andauernd erzählten, welches Glück ich hatte, weil ich noch am Leben war. Wie sollte ich ihnen begreiflich machen, daß ich keineswegs das Gefühl hatte, Glück gehabt zu haben? Daß mir die Tatsache, am Leben zu sein, eher wie ein Fluch, kaum wie ein Segen vorkam?

Ich wurde am 28. Oktober 1982 auf hoher See gerettet. Ich war eine »Überlebende«, wie es in den Zeitungsberichten hieß. Ich brauchte aber fast weitere zehn Jahre, bis ich mich wirklich als Überlebende fühlte. In diesen zehn Jahren befand ich mich ständig in einem schweren Unwetter, ein Unwetter, das ebenso real, ebenso schrecklich und umfassend war wie jenes, das mein Boot zum Sinken gebracht hatte. Eine allmähliche Besserung setzte erst ein, als ich anderen Menschen zu erzählen begann, was wirklich geschehen war. Wenn ich nunmehr hier sitze und meine Geschichte aufschreibe, kann ich endlich mit Bestimmtheit das eine sagen: Der Untergang der »Trashman« war das Schlimmste, was mir je widerfahren war. Und er hat mir das Leben gerettet.

KAPITEL 1

Anfang September 1982
BAR HARBOR, MAINE

Labor Day, der erste Montag im September, war erst ein paar Tage vorbei, aber das Licht über dem Südwesten von Bar Harbor hatte sich bereits verändert. Die opake Unbestimmtheit der Augusttage war verflogen und hatte einer Welt mit scharfen Konturen und klaren Möglichkeiten Platz gemacht. Ich stand auf dem langen hölzernen Anlegesteg neben der Hinckley-Yachtwerft und sog tief die Luft in meine Lungen. Ebbe. Es war ein Geruch, der mich jedesmal glücklich machte.

Ein paar hundert Meter weit draußen vor der Küste lavierte sich eine kleine gelbe Yacht, ein Catboat, langsam zwischen den großen Segelbooten hindurch, die dort an ihren Murings verankert lagen. Das breite Segel des Bootes leuchtete im Schein der Morgensonne. Ich ging bis ans Ende des Bootsstegs, setzte mich auf den Rand und ließ die Beine über dem Wasser baumeln. In den letzten drei Jahren hatte ich viele Häfen gesehen, aber dieser mit seinem ruhigen, saphirblauen Wasser war einer der hübschesten. Er war von flachen Hügelkuppen umgeben, hohe Kiefern säumten die Ufer. Es war sehr schön hier, doch ich wußte, daß in ungefähr einem Monat der Nordwind einsetzen und die Temperaturen fallen würden. Es war höchste Zeit, die Zelte abzubrechen.

Seit Juni hielt ich mich in Maine auf. Nach der Teilnahme an einer Segelregatta von Frankreich nach Louisiana hatte ich mich entschlossen, einige Zeit mit festem Boden unter den Füßen zu verbringen. Meine Mutter lebte in New Orleans. Ich wollte bei ihr wohnen, aber wie gewöhnlich dauerte es nicht lange, bis wir uns gegenseitig an die Gurgel gingen. Die erste Woche war kaum vorbei, da hatte mir meine Mutter schon zu verstehen gegeben, daß sie mich wieder lossein wollte.

Ich stieg in einen Bus, der mich nach Norden brachte, und landete schließlich mit weniger als fünf Dollar in der Tasche in Bar Harbor. Nachdem ich ein paar Wochen in einem kleinen Zelt genächtigt hatte, fand ich einen Job als Kellnerin in einem beliebten Restaurant namens »Bubba's«, wo ich den ganzen Sommer über blieb. Jetzt hatte ich eine kleine Wohnung, einige tausend Dollar Erspartes und ein paar Freunde. Des weiteren hatte ich einen schweren Anfall von Fernweh.

Mein größter Wunsch war, wieder aufs Wasser zu kommen. In den letzten drei Jahren hatte ich die meiste Zeit auf Segelbooten verbracht. Ich hatte mich in der Karibik herumgetrieben und war bei Chartertrips und Regatten mitgesegelt. Anschließend war ich nach England gesegelt und hatte mir dort auf einem Boot, das an dem ein volles Jahr dauernden »Whitbread Around the World Race« teilnahm, einen Job als Schiffskoch erschwatzt. Danach segelte ich als Mitglied einer reinen Damenmannschaft in der Transatlantikregatta zurück nach New Orleans. Endlich hatte ich eine Verschnaufpause gebraucht – aber nun war es wieder an der Zeit, Bootsplanken unter die Füße zu bekommen. Ich hatte mich erkundigt, ob hier in der Gegend für irgendein Boot eine Mannschaft gesucht wurde. Es dauerte nicht lange, und der Kapitän eines Bootes, das in Southwest Harbor auf Reede lag, kam im »Bubba's« vorbei, um mir zu sagen, daß er gerade eine Crew für eine Überführungsfahrt nach Fort Lauderdale zusammenstellte.

Ich konnte die großartige grüne Yacht an ihrem Liegeplatz ausmachen, nur ein paar hundert Meter vom Landungssteg entfernt. »Trashman« prangte in goldenen Lettern auf dem Heck – Müllmann also, was für ein häßlicher Name für ein so schönes Boot. John Lippoth, der Kapitän, kletterte vom Deck in ein kleines rotes Schlauchboot, das längsseits festgemacht war. Er legte ab und hielt mit dem Boot auf den Landungssteg zu. Der winzige Motor kräuselte kaum die glatte Wasseroberfläche. John winkte, und ich winkte zurück.

»Schöner Tag heute«, rief er, während er das Schlauchboot an den Landungssteg manövrierte und eine Leine zu mir herüberwarf. Er schob seine vom Salz fleckig gewordene blaue Mütze am Schirm nach hinten. Um seine zusammengekniffenen Augen waren die tief eingegrabenen Linien eines Mannes zu sehen, der den größten Teil seines Lebens auf dem Wasser verbracht hatte.

»An so einem Tag hätte ich Lust zum Segeln«, sagte ich.

John griff nach seinem Segeltuchköfferchen und kletterte auf den Bootssteg. Er war so hager, daß man befürchten mußte, seine Jeans würden ihm bei der ersten ungeschickten Bewegung bis zu den Knöcheln herunterrutschen. Sein blonder Schnauzbart hing an den Enden herunter und ließ sein schmales Gesicht noch länglicher aussehen. Er schien ungefähr fünf Jahre älter zu sein als ich – neunundzwanzig oder vielleicht auch dreißig.

»Ich muß mal schnell telefonieren«, sagte er. »Macht es Ihnen etwas aus, einen Moment auf mich zu warten? Anschließend gehen wir uns den Kahn mal ansehen.«

John zog seine farbbekleckste Jeans hoch und ging den Landungssteg hinauf. Aus einer der großen, wellblechgedeckten Werfthallen drang das brummende Geräusch von starken Schwingschleifern zu mir herüber. Es hatte etwas Berückendes, zu wissen, daß irgendwo dort hinten eine Hinckley Segelyacht – der Rolls Royce unter den Yachten – gebaut wurde. Von mir aus konnte sich John ruhig eine Stunde Zeit lassen. Solange ich hier sitzen durfte, war mir alles recht.

Nach etwa zehn Minuten kam John wieder den Steg entlang zu mir herunter.

»Einsteigen«, sagte er. »Setzen Sie sich hier oben hin.«

John warf den Motor an und holte aus einer kleinen Plastikkühltasche eine Flasche Bier.

»Auch eines?« fragte er, während er den Bügelverschluß aufschnappen ließ. Ich schüttelte den Kopf. Er genehmigte sich einen langen Zug, fuhr mit der Zunge über die Fransen seines Schnurrbarts und gab Gas. Der Bug des Schlauchbootes hob sich, und ich klammerte mich an die auf dem Seitenwulst umlaufende Leine. Ich fühlte die feine salzige Gischt und die Sonne auf meinem Gesicht und war schlagartig so glücklich wie schon seit Monaten nicht mehr.

Beim Näherkommen wurde deutlich, daß sich die »Trashman« von allen Booten, auf denen ich in der letzten Zeit die Segel bedient hatte, beträchtlich unterschied. Der Zweimaster war als Ketsch getakelt. Das schlanke und gut ausbalancierte Schiff hatte einen eleganten Schwung. Der Rumpf war in sattem Tannengrün gehalten, und die Menge der Teakholzverzierungen hatte genau das richtige Maß – genug, um das Schiff nobel aussehen zu lassen, aber nicht so viel, daß die Instandhaltung lästig wurde. Der Deckaufbau des Salons war ungewöhnlich hoch und auf jeder Seite von drei großen Fenstern durchbrochen.

Was das Schiff benötigte, war unverkennbar ein bißchen Kosmetik. Von John wußte ich, daß er das Boot erst vor ein paar Wochen übernommen hatte, und es war nicht zu übersehen, daß er bislang noch nicht allzuviel Verschönerungsarbeit geleistet hatte.

Ich besah mir die Takelage. Man hatte die neuesten Segelhilfen eingebaut – Rollreffanlagen für Fock-, Groß- und Besansegel und statt der üblichen Kurbelwinden elektrisch betätigte Winschen. Über dem Heck hing ein strahlend weißes Beiboot aus Glasfiber an Kranarmen, von denen es zu Wasser gelassen werden konnte.

»Gar nicht so schlecht, oder? Das Design ist von Alden. Es wurden nur vier davon gebaut«, bemerkte John. »Der Eigner ist stinkreich. Seine Kohlen hat er als Entsorgungsunternehmer in der Müllbranche gescheffelt.«

»Ach so, deshalb ›Trashman‹?«

»Genau.«

»Trotzdem ein komischer Name für ein Boot.«

»Yeah.«

»Liegt es gut in der Hand?«

»Nicht schlecht für einen Fahrtenkreuzer.«

John führte mich über das Deck. Der Eigner hatte die Yacht ganz offensichtlich im Hinblick auf eine bequeme und einfache Handhabung ausrüsten lassen. Für Kreuzfahrtschiffe war eine solche Takelung zwar in Ordnung, aber ich wußte, daß Bedienungskomfort meistens auf Kosten der Leistungsfähigkeit ging.

Wir schritten den Gang zum Salon hinunter. Ich war erstaunt, wie hell es hier unten war. Mir, die ich die kasemattenartigen Kabinen der Rennboote gewohnt war, kam soviel Licht unter Deck wie ein frivoler Luxus vor. Links, auf der Backbordseite, gab es ein Ecksofa, und gegenüber an Steuerbord standen zwei bequeme Polstersessel. Ja, dachte ich, daran könntest du dich gewöhnen. Ich hatte mittlerweile so viele enge Rennboote, feuchte Kojen und gefriergetrocknete Kost über mich ergehen lassen müssen, daß ich für den Rest meines Lebens davon zehren konnte.

»Das Boot ist knapp zwanzig Meter lang, aber es kommt einem viel größer vor, finden Sie nicht auch?«

John ging zur Stereoanlage und schob eine Kassette ein. Die Stimme von Steve Winwood tönte aus den Lautsprechern. »Kommen Sie, ich zeige Ihnen jetzt die Mannschaftsquartiere und die Kombüse.«

Ich folgte ihm zwei kurze Treppenabsätze hinunter in die Bordküche. Schmutzige Teller und Tassen türmten sich in dem kleinen Spülbecken. So gut wie jeder ebene Fleck war mit leeren Bierflaschen zugestellt, und auf dem Boden lag eine aufgerissene Tüte mit Kartoffelchips.

»Ist zur Zeit ein bißchen unordentlich«, murmelte John und bugsierte mich weiter. Gegenüber der Kombüse befand sich eine weitere Gästekabine mit zwei übereinanderliegenden Kojen. Die Mannschaftskabine war ein dreieckiger Raum im Bug. Rechts und links lagen die Kojen, außerdem gab es eine kleine Toilette und reichlich Stauraum für Segel und andere Ausrüstungsgegenstände. Man konnte deutlich sehen, daß hier lange Zeit niemand genächtigt hatte. Segel, Segelsäcke, Tauwerk und Werkzeug lagen im ganzen Raum verstreut.

»Ich zeige Ihnen jetzt, wo ich meine Zelte aufgeschlagen habe.« John schloß die Tür des Mannschaftsquartiers und ging mit mir zurück, durch den Salon, am Aufgang zum Deck vorbei, und dann neben dem rechts, an Steuerbord angebrachten Instrumentenbrett ein paar Stufen hinunter. Dort kamen wir zu einem kleinen Flur, der zu der großen Hauptkabine führte. Die Kabine hatte auf jeder Seite eine sehr großzügig bemessene Koje, außerdem gab es eine geräumige Toilette mit Dusche.

»Sehr schön«, sagte ich angesichts der ungemachten Kojen. Überall lagen zerknüllte Klamotten und leere Flaschen herum. Zigarettendunst hing in der Luft.

Wieder im Salon, verschwand John in der Kombüse und kam mit zwei Flaschen Bier zurück.

»Sie sehen durstig aus.«

Ich nahm die angebotene Flasche.

»Also, die Sache ist folgendermaßen«, begann John und zündete sich eine Zigarette an. »Wie ich Ihnen ja schon im ›Bubba's‹ sagte ... Ich brauche jemanden, der Koch und Matrose in einem ist, jemanden, der mir hilft, das Boot auf Vordermann zu bringen. In ein paar Wochen nehmen wir dann eine Mannschaft an Bord und segeln Richtung Florida.«

Ich nickte.

»Anfang nächsten Jahres fahren wir zu den karibischen Inseln, nehmen die Eigner an Bord und machen eine kleine Kreuzfahrt.«

»Hört sich nicht schlecht an«, gab ich zurück. Ich hütete mich, John auf die Nase zu binden, daß ich im Grunde nur auf eine Tour nach Florida aus war. Vielleicht würde es mir auf der »Trashman« so gut gefallen, daß ich den ganzen Winter auf diesem Boot zubrachte – aber vorerst wollte ich mich noch nicht festlegen.

»Ich würde zuerst gern ein bißchen über Sie erfahren. Anschließend können Sie Ihren Lebenslauf an Morris Newberger schicken – er ist der Eigner – und sehen, was er dazu meint.«

»Okay.«

»Neulich sagten Sie, Sie hätten an einigen Regatten teilgenommen?« John schlug die Beine übereinander und begann, an einem Loch in der Sohle eines seiner abgelatschten Seglerschuhe herumzupulen.

»Ja. Vor ein paar Wintern bin ich in der Karibik herumgesegelt – meistens waren es Chartertörns. 1981 habe ich dann bei der Rennwoche in Antigua mitgemischt. Anschließend bin ich auf einer Ketsch mit Stahlbetonrumpf nach England gesegelt. Danach war ich auf der ›Xargo‹ beim Whitbread-Rennen dabei.«

John nahm einen langen Zug aus seiner Zigarette und sagte erst mal gar nichts. Ich war es gewohnt, daß jedesmal für eine geraume Zeit Stille eintrat, wenn ich den Leuten von meiner Teilnahme am Whitbread erzählte – als erste Amerikanerin, die über die ganze Distanz gegangen ist. Man zeigte sich zwar oft skeptisch, aber ich hatte es in der Tat durchgezogen, das ganze Rennen. Ich hatte Kap Horn umsegelt, war im Südatlantik von achtzehn Meter hohen Wellen herumgedroschen worden, hatte Wale und Albatrosse gesehen – und für zehn Mann gekocht, die mich abwechselnd als Maskottchen oder als Sklavin behandelt hatten.

»›Xargo‹?«

»Das Boot aus Südafrika.«

»Ich dachte, beim Whitbread dürfen keine Frauen mitmachen.«

»Ich habe mir die Teilnahme sozusagen erquatscht.«

»Was mußten Sie denn alles machen?«

»Ich war der Smutje, aber Sie wissen ja, wie das auf einem Boot läuft – am Ende machte ich von allem etwas. Ich war ungefähr ein Jahr lang unterwegs.«

»Ich kenne einen Typ, der auch mitgemacht hat. Er sagt, es war die Hölle. Er konnte es gar nicht erwarten, von Bord wieder herunterzukommen.« John stand auf, um sich noch ein Bier zu holen. Ich gab ihm zu verstehen, daß ich mit meinem noch beschäftigt war.

»Es ist natürlich nicht jedermanns Sache«, sagte ich so laut, daß er mich in der Kombüse noch hören konnte.

»Ich bleibe lieber bei den Westindischen Inseln«, sagte John, als er in den Salon zurückkam. Er nahm die Mütze ab und fuhr sich mit der Hand über sein dünner werdendes, sonnengebleichtes Haar. »Es wäre für Sie vermutlich kein Problem, dieses Ding hier zu segeln?«

»Ich glaube nicht.«

»Lassen Sie mich mal sehen, was wäre da noch . . .« John machte den Eindruck, als wäre ihm unbehaglich zumute. »Mannomann, hab' ich einen Hunger! Wollen Sie mitkommen und ein Essen reinschieben? Da ist ein Lokal gleich bei der Hinckley-Werft, das ›Moorings‹.«

Ich folgte John zum Deck hinauf. Er schien kein übler Kerl zu sein – vielleicht ein bißchen unbeholfen, aber sonst ziemlich in Ordnung. Ich stellte mit Erleichterung fest, daß er in mir nichts anderes als ein Mitglied der Mannschaft zu sehen schien. Ich hatte schon genug Boote und genug Segler erlebt, um zu wissen, daß das gemeinsame Segeln manchmal dazu führte, daß man auch miteinander schlief. An John interessierte mich aber nur die Mitfahrgelegenheit in den Süden, und sonst gar nichts.

Während John das Schlauchboot losmachte, stand ich an Deck und blickte zum fast 500 Meter hoch über die Küste aufragenden Cadillac Mountain hinüber. Einige Bäume unter seiner kahlen Kuppe hatten sich schon rot verfärbt. Ich holte tief Atem und roch das warme, würzige Aroma des von der Sonne aufgeheizten Teakholzes. Nichts in der Welt konnte sich mit diesem Duft messen. Mein Entschluß, den Job anzunehmen, stand von diesem Augenblick an fest – falls John mich wollte und das Geld stimmte.

Wir fuhren mit dem Schlauchboot zum Anlegesteg zurück und gingen zum »Moorings« hinauf, das seinen Namen nach der Bezeichnung für die festen Ankerplätze der Yachten gewählt hatte. Es war ein Lokal, in dem es hauptsächlich Meeresfrüchte gab. Große Fenster boten einen weiten Blick über das Hafengelände. Ich hätte mich gerne an einen der vorderen Tische gesetzt, um aufs Wasser hinausschauen zu können, aber John steuerte zielstrebig die Bar an. Der Barmann hatte uns kaum gesehen, als er schon eine Flasche Heineken köpfte und auf einen runden Bierdeckel vor John plazierte.

»Sie kommen wohl öfter hierher?« fuhr mir heraus.

John bestellte sich einen Hamburger. Ich wollte nur einen kleinen Salat – das Dressing separat. John stöhnte auf.

»Kein Wunder, daß Sie so spindeldürr sind«, sagte er.

»O ja, nur Haut und Knochen«, gab ich zurück.

»Sie sind eine Bohnenstange. Nun los, nehmen Sie einen Burger oder so was. Ich lad Sie ein.«

Jahrelang schon hatte ich Probleme mit dem Essen. Seit ich als spilleriger Teenager ins Internat gesteckt worden war, hatte ich mit Bulimie, mit krankhafter Eßstörung, zu kämpfen. In diesem Sommer hatte ich mich – nicht besonders erfolgreich – darum bemüht, die Sache unter Kontrolle zu bekommen. Ich sagte dem Kellner, ein Salat sei völlig ausreichend.

Während wir aßen, durchforsteten wir gegenseitig unsere Vergangenheit nach gemeinsamen Bekannten. Es waren nicht viele. Ich hatte zumeist Hochseesegeln betrieben oder von Europa aus operiert. John sagte, er sei in Maine aufgewachsen und habe im Sommer immer als Segellehrer gearbeitet. Er erzählte mir von einigen Booten, auf denen er gefahren war. Ich dachte mir, daß er ziemlich gut sein mußte, wenn er auf einem so schönen Boot wie der »Trashman« eine Stelle als Kapitän bekommen hatte.

Als wir mit dem Essen fertig waren, sagte John, er würde noch diesen Nachmittag Newberger anrufen, und ich sollte meinen Lebenslauf losschicken. Wie sich herausstellte, lebte Newberger in Dallas. Ich wurde auf einer Ranch in Throckmorton, Texas, geboren. Ich setzte darauf, daß die Sache so gut wie gelaufen war, wenn Newberger erst einmal sah, wo ich herkam.

Eine Woche darauf traf ich John zufällig an der Bar im »Moorings«. Er klopfte sich fortwährend mit einer Zigarettenschachtel auf den linken Handballen.

»Hey«, begrüßte ich ihn.

John blickte auf. Seine Augen waren rot unterlaufen. »Von Newberger gibt's nichts Neues, aber Sie kriegen den Job, da bin ich mir ziemlich sicher.«

»Großartig. Ich habe nämlich wirklich Lust dazu.«

»Was meinen Sie?« sagte er und fingerte eine Zigarette aus seiner Schachtel. »Glauben Sie, Sie könnten abends im ›Bubba's‹ arbeiten und mir am Tag dabei helfen, das Boot klarzumachen – oder wäre Ihnen das zuviel?«

»Das wäre eventuell schon zu machen.«

»Es gibt ein paar Sachen, zu denen ich einfach noch nicht gekommen bin . . .«

Ich bedankte mich bei John und wandte mich zum Gehen.

»Hey, wohin so eilig?« rief er. »Bleiben Sie doch noch ein bißchen. Trinken Sie ein Bier mit mir. Wir haben was zu feiern.« John winkte dem Barmann.

»Noch 'n Paar von den Grünen?«

Ich setzte mich wieder an die Bar. Zum Teufel, was soll's, dachte ich. Ich mußte sowieso erst um halb fünf an meiner Arbeitsstelle antanzen.

Die nächsten drei Wochen arbeitete ich tagsüber auf der »Trashman« und abends im »Bubba's«. Die mit der Instandsetzung des Schiffes verbundene körperliche Anstrengung tat mir gut, und die »Trashman« reagierte dankbar auf jedes Quentchen Mühe, das ich ihr angedeihen ließ. John hatte mir sämtliche »häuslichen« Arbeiten zugeteilt – Spinde saubermachen, die Kombüse auf Vordermann bringen, Ausrüstung aufräumen und ordnen – und dazu noch einige Verschönerungsarbeiten an Deck. Er kümmerte sich um den »Rest«.

Ich merkte sofort, daß John nicht unbedingt der verbissenste Arbeiter der Welt war – und auch nicht der verläßlichste. Als er mich am Morgen meines ersten Arbeitstages am Landungssteg abholen sollte, glänzte er durch Abwesenheit, und ich mußte mich von jemand anderem zur »Trashman« übersetzen lassen. Als ich ihn fand, lag er, komplett angezogen und mit offenem Mund schnarchend, in seiner Koje. Nachdem er endlich wach war, verbrachte er die nächste Stunde damit, stöhnend in seine Kaffeetasse zu starren.

Was John am meisten schätzte, waren jene »kleinen Feiern«. Wir feierten meinen ersten Arbeitstag, indem wir an Land gingen und drei Stunden lang zu Mittag aßen. Als Newberger endlich offiziell bestätigte, daß ich angeheuert war, machten wir uns zur Feier des Tages nach Bar Harbor auf und soffen uns durch von einem Ende der Stadt bis zum anderen.

Bei den Booten, auf denen ich zuletzt gewesen war, hatte es sich um temperamentvolle, pflegeintensive Rennmaschinen gehandelt. Da hatte sich niemand Extratouren erlaubt – jedenfalls nicht, solange das Rennen noch nicht vorüber war. Wir hatten immer einen drängenden Termin im Nacken sitzen, sei es der nächste Start, zu dem wir hinmußten, oder die folgende Etappe des Rennens, die es vorzubereiten galt. Ich war gewohnt, mich dranzuhalten, bis alles besorgt, erledigt oder repariert war. Und ich war gewöhnt, für Skipper zu arbeiten, die Perfektionisten waren.

Bei der »Trashman« gab es jedoch keinen Zeitdruck. Man hatte nicht das Gefühl, zu einem bestimmten Zeitpunkt alles erledigt haben zu müssen. Wir würden im Höchstfall stets nur ein paar Tage hintereinander auf See sein. John sagte, Vorräte könnten wir uns jeweils dann besorgen, wenn wir sie brauchten. Wenn er die Tage vertrödeln wollte – mir sollte es recht sein. Ich ging davon aus, daß er schon noch Ernst machen würde, wenn wir erst einmal in See stachen.

An einem regnerischen Nachmittag, als wir im »Moorings« saßen, zog John seinen fein säuberlich getippten Lebenslauf aus dem Segeltuchköfferchen und reichte ihn mir. Ich sah mir das Opus an und ließ, gebührend beeindruckt, die obligatorischen Sprüche los, die man als Mannschaft seinem Kapitän schuldet. Ich mußte noch nicht einmal lügen. Einige großartige Boote standen auf der Liste. Allerdings schien keiner seiner Jobs von besonderer Dauer gewesen zu sein, und ich wollte wissen, warum. Er erzählte mir, daß notorisch gewisse Probleme aufzutauchen pflegten – persönliche Konflikte, Planungsmängel oder plötzliche Programmänderungen –, aufgrund derer seine Tätigkeit allemal ein baldiges Ende gefunden habe.

Seinen letzten Job hatte er auf der »Black Knight« gehabt, einem 29 Meter langen Hochleistungsboot mit schwarzem Rumpf. Ich hatte es einmal in Newport gesehen. John sagte, er habe zusammen mit seiner Freundin Meg Mooney auf diesem Boot gearbeitet.

»Und warum ist *sie* nicht auf der ›Trashman‹?« fragte ich, wohl wissend, daß es mich nichts anging und John außerdem für eine klare Auskunft viel zu alkoholisiert war.

»Newberger hat mir gesagt, ich soll sie nicht anheuern.«

»Wieso denn das?«

»Auf der ›Black Knight‹ hatten wir ein paar Probleme. Wir gerieten uns in die Haare. Es war nicht weiter schlimm, aber ein paar reiche Säcke fühlten sich gestört.«

»Wußte Newberger davon?«

»Irgend jemand muß es ihm wohl gesteckt haben. Er sagte, Meg darf nicht mit. Ist so was nicht beschissen?« maulte er, wobei er mit dem Ellbogen von der Kante der Bar abrutschte.

Ich hatte schon so manche fragwürdige Beziehung gesehen, die in der Beengtheit eines Bootes förmlich explodiert war. Von Querelen solchen Ausmaßes, daß das betreffende Pärchen auf die schwarze Liste gesetzt wurde, hatte ich aber noch nie gehört. Ich versuchte, John Einzelheiten aus der Nase zu ziehen, aber er hatte keine Lust, sich über Meg auszulassen.

»Ist mir sowieso scheißegal«, murmelte er. Eine Zigarette baumelte in seinem Mundwinkel. Er mühte sich vergeblich ab, sein Feuerzeug in Gang zu bekommen. Ich gab ihm ein Heftchen Streichhölzer von der Bar.

»Wir haben Schluß gemacht. Das war alles. Sie ist ein Miststück. Wer braucht denn so was?«

Ich hatte nicht die geringste Absicht, mich in Johns Liebesleben einzumischen. Ich sah zu, daß ich mit meinen Aufgaben auf der »Trashman« zu Rande kam und daß unser Verhältnis unbelastet blieb. Wenn er einen Zechkumpanen brauchte, machte ich für gewöhnlich mit, und wenn er alleine sein wollte, wahrte ich Abstand.

Alles lief so hervorragend, daß mir sogar ein paar vernünftige Telefonate mit meiner Mutter gelangen. Als sie aber ankündigte, sie wolle in den Norden heraufkommen, um meinen Halbbruder Lee, der in Boston aufs College ging, und mich in Bar Harbor zu besuchen, geriet ich in Panik. Meine Mutter entsprach nicht dem, was man normalerweise unter einer Mutter versteht, falls es so etwas überhaupt gibt. Ihr Leben – und in der Folge auch das meine – war eine einzige lange, verrückte Seifenoper gewesen.

Sie war die Tochter eines reichen texanischen Ranchers und hatte mit siebzehn einen Cowboy vom Ort geheiratet. Sie brachte mich zur Welt, um sich dann, noch bevor sie zwanzig war, von meinem Vater schon wieder scheiden zu lassen. Meine Mutter, die ihren Alkoholismus mittlerweile in den Griff bekommen hatte, war eine große Schönheit und hielt viel auf eine gepflegte äußere Erscheinung. Die Vorstellung, daß sich ihre einzige Tochter auf Booten herumtrieb, bereitete ihr großes Unbehagen. Ich hatte es nie geschafft, ihr Wohlwollen zu erringen, weder als Kind noch als vorlauter Teenager und ganz gewiß auch jetzt nicht. Ich hatte immer das Gefühl, daß sie für alles, was in ihrem Leben schiefgegangen war, mir die Schuld gab, und ich wußte genau, daß die alten Streitereien sofort wieder losgehen würden, sobald wir uns sahen.

Sie kam an einem kühlen, aber sonnigen Vormittag an, und die ersten paar Stunden ging alles ganz gut. John und ich nahmen sie im Schlauchboot mit hinaus zur »Trashman«. Wir fuhren mit ihr um das Schiff herum, damit sie es von allen Seiten bewundern konnte. Anschließend saßen wir zusammen im »Moorings« beim Essen. Mutter war in Hochform, und John schien von ihr völlig gefesselt zu sein. Ich wußte, daß es nicht schwer war, sich von dieser charmanten, gutfrisierten Dame in den Bann schlagen zu lassen – vorausgesetzt, sie war nicht gerade die eigene Mutter. Ich hingegen war ein Häufchen Elend. Ich ertappte mich dabei, wie ich mir, so hastig ich nur konnte, einen Cheeseburger in den Mund stopfte und danach Apfelkuchen mit Vanilleeis bestellte – um sodann auf einen geeigneten Moment zu lauern, in dem ich zur Damentoilette rennen und alles wieder von mir geben konnte.

»Warum bloß vergeudest du dein Leben mit so etwas?« fragte mich meine Mutter später, als wir zu ihrem noblen Gasthof in Northeast Harbor zurückgefahren waren. »Wann wirst du dich endlich einmal irgendwo niederlassen?«

»Mutter, fang bitte nicht wieder *davon* an.«

»Dieser John gefällt mir überhaupt nicht. Er hat etwas Merkwürdiges an sich. Ich bin keinesfalls damit einverstanden, daß du mit ihm auf und davon gehst –«

»Du weißt ja über den Charakter eines jeden sofort Bescheid –«

»Wie bitte? Was sagtest du da?«

»Er ist in Ordnung. Du kennst ihn doch überhaupt nicht.«

»Trägst du dein Haar jetzt anders?« fragte sie. Sie faßte mir ins Gesicht und strich meine Fransen beiseite, noch bevor ich mich ihrem Zugriff entziehen konnte.

Mutter reiste nach drei Tagen wieder ab. Ich hatte in der Zwischenzeit ein halbes dutzendmal gekotzt.

Ungefähr eine Woche darauf kam John ins »Bubba's« und trat neben der Essensausgabe ungeduldig von einem Fuß auf den anderen. Als ich schließlich einen Moment Zeit für ihn fand, sagte er: »Newberger hat angerufen. Er möchte, daß wir uns auf die Socken machen.«

»Warum auf einmal so eilig?« fragte ich, wobei ich mir ein mit Sandwiches beladenes Tablett auf die Schulter hievte.

»Weiß nicht. Wenn er sagt, wir sollen los, dann müssen wir eben.«

»Ich habe meinem Boß gesagt, daß er in den nächsten Wochen noch mit mir rechnen kann.«

»Dann sag ihm eben, daß sich was geändert hat.«

»Ich seh mal zu.«

»Wir müssen in Portland einen Zwischenstopp machen und uns von der Küstenwache ein paar Dokumente ausfertigen lassen. Dann segeln wir weiter nach Newport. Wir dürften gerade pünktlich zur Bootsausstellung nach Annapolis kommen. Das ist doch immer eine Riesengaudi.«

»Ich seh zu, was sich machen läßt.«

Mein Boß war einverstanden, mich gehen zu lassen, wenn ich noch ein letztes Wochenende zur Arbeit erschien. John und ich kamen überein, unser letztes Mahl an Land einzunehmen – wieder eine kleine Feier. Wir wollten am Dienstag in See stechen. John sagte, wir würden die Nacht in Camden verbringen, wo er hoffte, weitere Leute anheuern zu können.

Ich verstaute meine Siebensachen in einem Seesack und verbrachte die Nacht vor unserem Aufbruch im Mannschaftsquartier. Ich war so aufgeregt, daß ich kein Auge zutun konnte. Während ich in der schmalen Koje lag und die »Trashman« im leichten Wellengang tanzen spürte, hörte ich die Schreie der Wildgänse, die über uns hinwegzogen. Sie waren auf dem Weg in den Süden – in die warme Sonne und zu den türkisfarbenen Wassern. Und ich folge euch dichtauf, meine Lieben, dachte ich und schloß die Augen.

KAPITEL 2

28. September 1982
SOUTHWEST HARBOR, MAINE

»Okay, Deb. Wenn du fertig bist, können wir ablegen«, sagte John. Seine nonchalante Art gefiel mir, besonders frühmorgens, wenn die Wirkung des Koffeins noch auf sich warten ließ. Die meisten Kapitäne, unter denen ich gesegelt war, pflegten ihre Befehle zu bellen wie Kasernenhofschleifer.

Wir waren schon vor der Morgendämmerung auf den Beinen gewesen. Ich hatte das Schlauchboot mit einer langen Leine am Heck vertäut, die Schotleinen, mit denen die Segel geführt werden, lose neben den Winschen an Deck ausgelegt, die Stoßfänger zum Schutz des Rumpfes eingeholt und verstaut, unter Deck klar Schiff gemacht und eine zweite Kanne Kaffee aufgesetzt.

Auf Johns Kommando stellte ich mich mit dem Fuß auf das straff gespannte Haltetau, mit dem unser Boot die ganze Zeit an der Muring festgemacht gewesen war, um etwas von seiner Spannung herauszunehmen. Ich stieß die Markierungsboje für das Tau über Bord, hob die Schlaufe zum Festmachen vom Poller und ließ das Tau über die Rolle auf der Bugspitze des Schiffes ins Wasser rauschen. Während es versank, ging John ins Cockpit, wirbelte das Steuerrad nach rechts auf Steuerbord, setzte etwas vor und brachte die Maschine auf Drehzahl. Dann stellte er den Kassettenrecorder laut. Das Stück, das gespielt wurde, war »Arc of a Diver«. Er sang mit: »While you see a chance, take it . . .« und wackelte im Takt zur Musik mit dem Kopf, wobei er schlückchenweise seinen Kaffee trank.

Ich gab dem Schlauchboot etwas mehr Leine, bis es in unserem Kielwasser an der richtigen Stelle lief und John zufrieden war. Dann ging ich zum Cockpit, um das Setzen des Großsegels vorzubereiten.

»Mach dir keine Mühe«, sagte John. »Es ist zuwenig Wind. Laß uns mit der Maschine fahren. Wenn du unbedingt etwas tun willst – wie wär's mit Frühstück?«

Ich stieg in die Kombüse hinunter. Was den Wind betraf, hatte John vermutlich recht. Unter Segel würden wir bis Camden den ganzen Tag brauchen. Ich fand mich damit ab, vorerst auf einem Motorboot zu fahren. Zum Segeln würde ich noch früh genug Gelegenheit bekommen.

Nach dem Frühstück bat mich John, das Steuer zu übernehmen. Ich war begierig, herauszufinden, wie die »Trashman« auf das Ruder ansprach. Das Ergebnis war etwas enttäuschend. Das Schiff reagierte träge und machte einen schwerfälligen Eindruck. Ich sagte mir, daß das bei Segelbooten, die mit Motorkraft liefen, nicht ungewöhnlich war. Erst einmal unter Segel, würde das Schiff die Chance haben, mich eines Besseren zu belehren.

Die nächsten Stunden verbrachte John vorwiegend über Seekarten gebeugt, während wir uns unseren Weg suchten durch das Gewirr der felsigen Inseln, die der Küste von Maine vorgelagert sind. Am frühen Nachmittag liefen wir gemächlich im hübschen Hafen von Camden ein, vertäuten die »Trashman« und machten uns auf den Weg zur Hauptstraße. Dort grasten wir ein paar Bars ab, in denen John Leute für die Mannschaft aufzugabeln hoffte. Und außerdem, so hatte er sich beim Betreten einer Kneipe mit dem Namen »O'Neill's« vernehmen lassen, »müssen wir unseren ersten Tag auf dem Wasser feiern«. John fragte herum, aber bis auf einen lallenden Betrunkenen schien keiner Interesse zu haben, bei uns anzuheuern.

Am nächsten Tag fuhren wir mit Motorkraft nach Portland und verbrachten die Nacht in DeMillo's Marina-Yachthafen. John überredete mich ein weiteres Mal, mit ihm ins Städtchen zu gehen – »Deb, Schädelbrummen bekämpft man mit Alkohol« –, und wieder wurde es eine lange Nacht mit einer Tour zu Johns

Lieblingstränken. Früh am nächsten Morgen nahmen wir Treibstoff auf und tuckerten zu Johns Heimathafen Falmouth Foreside, der ein paar Meilen nördlich lag. Johns Vater hatte dort jahrelang ein Boot liegen gehabt, und die Mutter wohnte nur wenige Meilen entfernt. John lieh sich ihr Auto und fuhr nach Portland, um ein paar Dokumente für die »Trashman« abzuholen. Er kam mit der Nachricht zurück, daß die Papiere erst in ein paar Tagen fertig sein würden.

Ich war enttäuscht. Ich wollte weiter, jetzt, nachdem die Reise begonnen hatte. Ich konnte es nicht erwarten, nach Florida zu kommen. Die Tage wurden kürzer, die Nächte kühler. Wir hatten noch immer keine weiteren Mitglieder für die Crew auftreiben können. Nur zu zweit auf dem Boot, würden wir uns jeweils auf Tagesetappen beschränken müssen, die Nacht durchzusegeln wäre dann unmöglich. Jetzt schon zeichnete sich ab, daß die Fahrt wesentlich länger dauern würde, als ich angenommen hatte.

An diesem Abend ging John in die Stadt, um sich mit irgend jemandem zu treffen. Ich blieb auf dem Boot und war froh, endlich mit mir allein zu sein. Ich machte es mir mit einem Glas Wein und meiner eselsohrigen Ausgabe von »Shogun« in einem der Sessel gemütlich – und mit meiner eigenen Musik aus der Stereoanlage. Die Kabine lag friedlich im Lampenschein. Das an der Muring vertäute Boot wiegte sich sanft. Von den wenigen in unserer Nähe ankernden

Yachten drang das klatschende Geräusch herüber, mit dem die Falleinen im Wind gegen die Masten schlugen. Hie und da fuhr ein Boot vorbei und ließ die »Trashman« gemächlich im Wellenschlag schaukeln, bis sie wieder zur Ruhe kam. Ich ging früh in die Koje und schlief so fest, daß ich von Johns Rückkehr nichts mitbekam.

Durch das kleine Bullauge meiner Kabine drang Sonnenlicht. Ich hörte John in der Kombüse rumoren. Es war nicht seine Art, vor mir aufzustehen – schon gar nicht, wenn er nachts lange unterwegs gewesen war. Ich stand auf, kämmte mir mit den Fingern durchs Haar und steckte den Kopf zur Kabinentür hinaus. »Was bist du denn schon so früh auf?« fragte ich.

Dann sah ich, daß es überhaupt nicht John war. Eine Frau stand in der Kombüse.

»Oh«, sagte ich.

»Hallo. Sie müssen Debbie sein. Ich bin Meg.«

»Meg.«

»Eine Freundin von John. Möchten Sie einen Kaffee?« Sie reichte mir eine Tasse.

Sie sah völlig anders aus, als ich sie mir vorgestellt hatte. Ihr schwarzglänzendes Haar hing bis zur Taille herab, sie hatte helle Haut mit Sommersprossen und durchdringend blaue Augen. Sie sah zu apart und ausgefallen aus, um als schön bezeichnet zu werden – und sie war mindestens fünf Jahre älter als John.

Ich setzte mich. Meg kam zu mir herüber und nahm

in einem Sessel Platz, wobei sie ihre langen Beine auf eine Weise übereinanderschlug, als wolle sie für ein Reklamefoto Modell sitzen. Aus dem Päckchen auf dem Tisch griff sie sich eine lange braune Zigarette, hielt sie zwischen abgespreizten Fingern und zündete sie an. Dann nahm sie einen tiefen Zug. Ihre Fingernägel waren makellos. Sie blickte mich unverwandt an und schenkte mir ein perfektes Lächeln.

»John hat mir die großartigsten Dinge über Sie erzählt«, sagte sie. »Ich glaube, wir werden viel Vergnügen miteinander haben.«

Ich grinste sie blöde an. Vergnügen? Sagte sie Vergnügen? Sagte sie wir?

John erschien im kleinen Flur. Er sah noch sehr unausgeschlafen aus. »Oh, schön, daß ihr euch schon bekannt gemacht habt«, sagte er. »Gibt's Kaffee, Baby?«

Meg sprang von ihrem Sessel auf und ging hinab zur Kombüse. Ich glotzte John an.

»Was macht *die* hier?« flüsterte ich.

»Sie wollte das Boot sehen.«

»Ich dachte, sie sei an Bord unerwünscht.«

»Sie war gestern abend bei meiner Mutter. Ich nahm sie mit, damit sie sich das Boot anschauen kann. Reg dich ab, es ist doch bloß fürs Wochenende. Ich dachte mir, sie würde gern einen kleinen Törn mit uns segeln.«

Meg kam wieder zu uns. Sie gab John einen Kaffee und küßte ihn auf die stoppelige Wange.

»Das ist aber mal ein schönes Boot«, schwärmte

Meg. Sie hatte eine rauchige Stimme und sprach mit dem leichten Singsang der Südstaatler. »Irgendwie gemütlich und trotzdem nicht unelegant, findet ihr nicht auch?«

»Hmmmm«, gab ich zurück.

»Sie halten das Boot wirklich schön in Schuß. Wenn man John um sich hat, ist das gar nicht so einfach«, sagte sie und himmelte ihn dabei unverhohlen an. Unser armer, kleiner, böser Bubi John. Ich stürzte den Kaffee hinunter und verbrannte mir die Zunge.

»John sagte, daß Sie Regatten segeln?«

»Früher mal.«

»Das Whitbread, nicht wahr?«

»Hmm, hmm.«

»Also Schätzchen, für mich wär das nichts. Für mich sind Segelboote was Feines, solange die Sonne scheint und das Wasser glatt ist. Ist es nicht so, John? Ich mach uns noch ein Kaffeechen.« Sie stand auf und stolzierte wieder in die Kombüse.

John fummelte an den Knöpfen des Schaltbretts mit den Navigationsinstrumenten herum und machte sich auf einem gelben Schreibblock Notizen. Er sah zu mir hoch, senkte aber sofort wieder den Blick. Als Meg zurückkam, verkündete John mit einem Enthusiasmus, den ich den ganzen Monat noch nicht bei ihm erlebt hatte, es werde ein so phantastisches Wetter geben, daß wir am morgigen Tag unbedingt ein bißchen segeln sollten. Und das sagte der Mann, der noch kein einziges Segel gesetzt hatte, seit ich an Bord gekommen war! Jetzt also will er segeln, dachte ich bei mir. Hört, hört . . . dieser John Lippoth steckt voller Überraschungen.

Megs Ankunft mußte selbstverständlich mit einer kleinen Feier gewürdigt werden. John schlug vor, zum Mittagessen einen gemeinsamen Ausflug in die Stadt zu unternehmen.

»Prima Vorschlag, Debbie«, sagte Meg. »Oder?«

»Hmmmmm«, antwortete ich.

Meg räumte das Kaffeegeschirr weg, und ich stieg hinauf an Deck. Als ich nach hinten ging, hörte ich, wie es in der Kabine zu meinen Füßen laut wurde.

». . . verlogener Hundsfott«, hörte ich Meg sagen.

»Was?«

»Du hast gesagt, sie wäre eine Vogelscheuche.«

«Vogelscheuche habe ich nie gesagt . . .«

»John, sie sieht nicht übel aus. Als ob du das nicht schon selbst bemerkt hättest! Ihr zwei habt hoffentlich eine nette kleine Kreuzfahrt gehabt. Es ist ja hübsch gemütlich hier auf deiner dicken Angeberyacht!«

»Du weißt genau, daß es nicht so ist«, erwiderte John.

»Sag du mir nicht, wie es ist. Schließlich bin ich schon mehrmals mit dir auf einem Boot gewesen.«

Ich entfernte mich und hörte noch, wie John sie zu besänftigen versuchte. Als wir uns nach etwa einer halben Stunde stadtfein gemacht wieder trafen, schien sich zwischen den beiden alles beruhigt zu haben. Bei der Schlauchbootfahrt zum Strand legte Meg ihre Linke auf Johns Knie. Ich blickte Meg an, und sie ließ mir ein weiteres betörendes Lächeln zukommen.

Zu dritt verbrachten wir den ganzen Nachmittag und Abend in Portland. Wir zogen von einer Bar zur anderen, und Meg wurde immer ausgelassener. Sie quatschte jeden an, der in ihre Reichweite kam, und lachte sich über die lahmsten Witze halbtot. John wurde zusehends einsilbiger und starrte gebannt auf das Geschehen, welches sich auf dem Grunde seines Bierglases abzuspielen schien. Mir wiederum wollte es nicht gelingen, den Blick von den beiden zu wenden. Ich lehnte mich zurück und genoß das bizarre Schauspiel, das Meg und John miteinander aufführten. Ich wußte ja, es war nur für ein Wochenende.

Am nächsten Tag legten wir gegen Mittag von unserer Muring ab und verließen unter Motor den Ankerplatz. John zeigte mir, wie man die Reffvorrichtung für das Großsegel bediente. Ich drückte auf einen Knopf, und während das Segel aus seiner Rollreffvorrichtung im Mast glitt, ließ ich die Schot über die elektrische Winsch laufen. Das Segel entfaltete sich leicht und gleichmäßig wie eine große dreieckige Markise.

Nach Johns Anweisungen machte Meg den Rudergänger, während wir die Segel bedienten. Er ließ Meg das Boot etwas stärker in den Wind drehen, und wir setzten das große Genuavorsegel, um sodann wieder in die andere Richtung zu schwenken. John zeigte mir, wie man die elektrischen Winschen bediente, mit denen man die Schoten lockerlassen oder anziehen konnte. Es war kaum zu glauben, wie mühelos alles ging. Nun, da die Segel gesetzt und getrimmt waren, nahm die »Trashman« Fahrt auf und schnitt durch den leichten Wellengang, bis wir aus der Bucht heraus waren. Wir schwenkten auf einen Kurs quer zum Wind, bis wir mit genau von der Seite einkommendem Wind segelten, und ließen die Schoten so weit locker, daß die Segelstellung dem neuen Kurs entsprach. Die »Trashman« lief wie auf Schienen.

Ich genoß die vertraute Geräuschkulisse eines Schiffes unter Segel: das an der windabgewandten, der Leeseite, entlangplatschende Wasser, das Summen der Takelage, das Flattern der Hinterkante des Genuasegels. Ich war an den Winschen stationiert, John führte das Ruder, und Meg hatte ein windstilles Eckchen gefunden, wo sie sich in der Sonne aalen konnte und niemandem im Weg war.

Nach einiger Zeit drehte John die »Trashman« so, daß der Wind stärker von vorne kam und das Boot ausgeglichener segelte. Ich verschwand unter Deck, um für uns etwas zu essen zu machen. Als ich mit Sandwiches und ein paar Flaschen Bier wieder heraufkam, segelte die »Trashman« mit Selbststeuerung. Nicht weit hinter unserem Heck umrundeten gerade die Teilnehmer einer Segelregatta die Wendemarke, und wir feuerten mit lauten Rufen die führenden Boote an. Meg wirkte sehr entspannt, und John sang wieder zu seiner Steve-Winwood-Kassette.

Als wir uns auf den Rückweg machen wollten, änderte sich die Situation jedoch schlagartig. Beim

Hinaussegeln waren wir in östlicher Richtung gelaufen, und der Südwestwind hatte von rechts hinten auf unserer Steuerbordseite gestanden. Inzwischen hatten wir aber umgedreht und segelten, so steil gegen den Wind wie nur möglich, auf dem Steuerbordbug liegend, nach Westen. Das bedeutete, daß wir fast genau gegen den Wind und die kabbelige See ansegelten. Kaltes Sprühwasser kam über den Bug. Wir refften Großsegel und Focksegel ein wenig und versuchten zum Hafen aufzukreuzen, aber es ging nur sehr mühsam voran. Das Boot wollte einfach nicht laufen, sobald der Wind etwas weiter von vorne einkam. Es sträubte sich, hoch am Wind zu segeln.

Ich sah mir die Segel genau an und bemühte mich dahinterzukommen, wo unser Fehler lag. Die Segel sahen merkwürdig aus. Sie wirkten überdehnt und viel zu voll. Man hatte das Gefühl, daß sie das Boot weniger vorantrieben, als vielmehr zur Seite wegdrückten. Es war völlig ausgeschlossen, auf diese Weise den Hafen direkt anzusteuern. Wir mußten in mehreren Schlägen zum Hafen aufkreuzen.

John gab das Kommando zum Kreuzen und legte das Ruder nach links auf backbord, aber der Bug der »Trashman« wollte nicht soweit nach links schwenken, daß der Wind das Schiff von der anderen Seite treffen konnte. Er wollte einfach nicht mit der Nase durch den Wind. John nahm das Steuer etwas zurück, damit das Boot wieder Fahrt bekam, und gab das Kommando ein zweites Mal, aber aus irgendeinem Grund wollte das Schiff wieder nicht durch den

Wind, damit wir unser Aufkreuzen zum Hafen nach der anderen Seite hin fortsetzen konnten. Es war, als ob die Fahrtreserve nicht ausreichte, um das Schiff auf das Ruder ansprechen zu lassen. Immer wieder endete das Manöver mit dem völligen Stillstand des Bootes oder mit dem Zurückfallen auf den alten Kurs. Nach einigen weiteren Versuchen gab John seine Bemühungen auf und startete die Maschine, wodurch wir endlich das für das Manöver erforderliche Tempo bekamen. Auf diese Weise segelten wir schließlich zurück – mit Hilfsmotor, damit die »Trashman« bei den Zickzackschlägen, die beim Aufkreuzen gegen den Wind regelmäßig durchgeführt werden müssen, genügend Fahrt halten konnte. Es wollte mir nicht in den Kopf, daß eine Yacht dieser Klasse nicht in der Lage sein sollte, ein derart grundlegendes Manöver unter Segel zu bewältigen.

Wir waren noch etwa eine halbe Meile von unserer Muring, wo wir das Schiff vertäuen wollten, entfernt, als plötzlich ein lauter Alarmton losheulte. John stellte sofort die Maschine ab.

»Was war das?« fragten Meg und ich gleichzeitig.

»Die Maschine. Sie ist zu heiß geworden«, erklärte John. »Debbie, übernimm du das Ruder.«

John ging unter Deck. Meg kam zu mir und half – mit etwas Anleitung –, die Schoten mit den Winschen strammzuhalten. Sie sagte zwar nichts, aber ich merkte sehr wohl, daß sie beunruhigt war. Nach ungefähr zehn Minuten kam John wieder nach oben. Er wischte sich die Hände an einem Papierhandtuch ab.

»Jetzt müßte es wieder gehen«, sagte er.

»Was war kaputt?«

»Die Impellerpumpe für das Kühlsystem. Ich habe sie ersetzt.«

John warf die Maschine an und ließ sie ein Weilchen im Leerlauf arbeiten, bis er sich vergewissert hatte, daß das Kühlsystem wieder funktionierte.

»Großsegel bergen! Laßt uns den Kahn auf Kurs legen«, sagte John. Was das Segeln anging, hatte er offensichtlich für heute die Nase voll.

Der Verlauf unseres ersten Segeltörns enttäuschte und beunruhigte mich. John machte auf mich einen unentschlossenen und, was wesentlich schlimmer war, nachlässigen Eindruck. Er hatte sich nicht dazu bequemt, das kleine Fock-Vorsegel oder am zweiten Mast das Besansegel zu setzen, wie es die meisten Kapitäne getan hätten, und sei es auch nur, um die Segel vor dem Verlassen der Küstengewässer einmal auszuprobieren. Später wurde mir klar, daß er zudem versäumt hatte, das Kielschwert herunterzulassen. So war es kein Wunder, daß das Schiff nicht durch den Wind gehen wollte. Ein ganz ausgefahrener Schwertkiel hätte im Wasser viel besser gegriffen, und die »Trashman« hätte bei den Richtungswechselmanövern einen Dreh- und Angelpunkt gehabt. Ohne Schwert hatte uns der Wind wie ein Spielzeugschiffchen in der Badewanne einfach zur Seite weggepustet.

Es gab noch andere Dinge, die mich beunruhigten. Teile des Tauwerks zur Bedienung der Segel zeigten

Scheuerschäden. Und die Abspannung der beiden Masten, die Wanten und Stage, war keineswegs so stark gespannt, wie ich es gewohnt war – selbst auf Familienkreuzern. Der Mast verbog sich dadurch in seinem oberen Bereich mit dem Wind und setzte die Wirkung der Segel herab.

Als wir am Abend zum Essen gingen, machte ich John so taktvoll wie möglich darauf aufmerksam, daß wir uns um diese Trimmprobleme kümmern sollten. John meinte darauf, ich solle mir deshalb keine Sorgen machen. Wenn schon, dann könnte man das auch in Florida erledigen.

Meg fuhr am Montagmorgen ab, genau wie John gesagt hatte. Nach ein paar Tagen war sie wieder da, diesmal jedoch offensichtlich mit der festen Absicht zu bleiben.

Nun waren wir also zu dritt. Aus unserem »zweitägigen« Aufenthalt in Falmouth war inzwischen eine ganze Woche geworden, und John machte immer noch keinerlei Anstalten, in absehbarer Zeit aufzubrechen. Natürlich, da waren diese geheimnisvollen Papiere. Aber je öfter ich darüber nachdachte, desto mehr kam ich zu der Überzeugung, daß wir keinerlei Papiere benötigten. Wir wollten doch, verdammt noch mal, nicht außer Landes segeln. Wir wollten doch nur nach Florida! Eines war jedenfalls sicher: Sobald wir in Florida waren, würde ich keinen Moment länger auf der »Trashman« bleiben.

Aus John war wenig herauszubekommen. An den meisten Tagen murmelte er morgens etwas von Behördengängen, die zu erledigen seien, woraufhin er sich sein Aktenköfferchen schnappte, die Mütze auf den Kopf klatschte und mit Meg im Schlauchboot den Abgang machte. Ich war zunächst ganz froh, für ein paar Stunden meine Ruhe zu haben – als aber aus den Stunden Tage wurden, fiel mir allmählich gewaltig die Decke auf den Kopf. Mit Putzen und Aufräumen war man irgendwann einmal fertig, und für Anstreicherarbeiten war das Wetter zu miserabel. An manchen Tagen ließ ich mich von freundlichen Anliegern zur Küste mitnehmen und verbrachte den Nachmittag damit, mich in der Kneipe an der Bootswerft langsam und in aller Gemütlichkeit vollaufen zu lassen. Andere Male ging ich in ein Restaurant und schlang für vier Mann Essen in mich hinein, was jedesmal damit endete, daß ich, vor der Toilette kniend, alles wieder von mir gab.

Gelegentlich nahmen mich John und Meg mit zu ihren Ausflügen in die Stadt. Meg und ich machten die Geschäfte unsicher, während John wie ein Hündchen hinter uns hertrottete. Am Schluß landeten wir in einer Bar. John und Meg inszenierten ihren üblichen Krach und versöhnten sich dann wieder. Am nächsten Morgen wachten wir alle mit einem gewaltigen Brummschädel auf.

Die Tage verstrichen, und John war es immer noch nicht gelungen, die geheimnisvollen Papiere zu besorgen. Mein bißchen Sitzfleisch war allmählich verbraucht. Eines Abends jedoch verkündete John vom Navigationstisch aus: »Morgen geht's los.«

Meg und ich saßen lesend im Salon. Wir sahen von unseren Büchern auf.

»Wir stechen in See. Das Wetter ist genau richtig«, sagte er. »Scheiß auf die Papiere. Wir fahren.«

Die »Trashman« hatte soeben das südlich von Portland gelegene Cape Elizabeth passiert. Unter einem schiefergrau verhangenen Himmel kreuzten wir nach Süden auf. Das Großsegel war gesetzt, aber mehr für die Stabilität als für den Antrieb. Mit Motorkraft liefen wir hart am Wind gegen eine steife südliche Brise. Wir rechneten damit, daß die Reise bis Newport etwa 24 Stunden dauern würde. John und ich hatten beschlossen, während dieser Zeit abwechselnd jeweils drei Stunden auf Wache zu gehen. Meg kümmerte sich um die Küche, und wenn es nötig wurde, legte sie an Deck ein bißchen Hand an.

Am späten Nachmittag pflügten wir durch knapp einen bis einen Meter zwanzig hohe Wellen. Die »Trashman« wurde ganz gut damit fertig. Als wir uns weiter nach Süden vorgearbeitet hatten, klarte es nach und nach auf, und der Wind flaute ab. Die untergehende Sonne färbte den Himmel orangefarben, dann glutrot und schließlich dunkelviolett. Während das Licht allmählich schwand, durchströmte mich ein Gefühl von tiefem Glück. Hier draußen gab es Schönheit und Weite, und alles war so unbeschwert. All die kleinen Beschwernisse, die mir an Land so wichtig vorgekommen waren, fielen von mir ab. Wenn man hier draußen von seinem Kurs abkam, bedurfte es nur einer kleinen Bewegung des Handgelenks, und alles war wieder in Ordnung.

Wir waren in der Abenddämmerung durch den Cape-Cod-Kanal und durch Buzzards Bay getuckert. Ein paar Stunden später liefen wir in Newport ein. Der große Hafen war so gut wie leer. John entschloß sich, einen Liegeplatz an der Pier anzusteuern, damit wir von Bord gehen konnten, ohne das Schlauchboot zu benutzen. Er redete immer noch davon, daß er eine Crew anheuern wollte, aber mir war unerfindlich, wie er in dieser Geisterstadt Leute auftreiben wollte. Jeder, der segeln konnte und in den Süden wollte, war zu diesem Zeitpunkt vermutlich schon so gut wie in Florida.

Nach dem Frühstück brachen John und Meg mit einem Mietwagen zu einer Tagestour auf. Ich schlenderte durch die Stadt, schaute in ein paar Geschäfte und spazierte dann über die Pier. Auf dem Rückweg zum Boot lief mir eine Freundin aus Südafrika über den Weg. Es war schon ein paar Jahre her, seit ich Sonja zum letztenmal gesehen hatte. Damals lebten wir beide auf Virgin Gorda. Sie erzählte mir, daß sie hier in Newport für eine Yachtagentur tätig war. Zufällig war es eben jene Agentur, die John wegen des Jobs auf der »Trashman« an Morris Newberger vermittelt hatte. Wir verabredeten uns für später zum Abendessen in einem Lokal namens »Candy Store«.

Als ich kam, erwartete mich Sonja an einem kleinen Tisch. Nach einiger Zeit, wir hatten schon eine

Weile geplaudert, fragte ich Sonja nach John Lippoth. Sie sagte, er habe eine Menge Erfahrung, und außerdem sei er wohl ein recht netter Kerl.

»War er nicht zuvor auf der ›Black Night‹? Was genau ist denn da passiert? Warum hat man ihn rausgeschmissen?« fragte ich.

»Da war irgendwas mit seiner Freundin . . .«

»Meg Mooney.«

»Ja, Meg Mooney. Die Eigner fanden eben, daß er den Erwartungen nicht so recht . . .«

»Aber worum ging es denn eigentlich?«

Über die Bar hinweg hörte ich jemanden meinen Namen rufen. Es war ein Segelkamerad namens Jim, den ich schon seit Monaten nicht mehr gesehen hatte. Er gab mir einen Kuß zur Begrüßung. Ich erzählte ihm, ich sei gerade mit der »Trashman« angekommen. Der Skipper sei John Lippoth, fügte ich hinzu.

»Wie bist du denn an den geraten?« wollte Jim wissen. »Seine Referenzen sind ja nicht gerade die allerbesten.«

»Ich habe Debbie eben erzählt, daß er ein paarmal kleinere Probleme hatte«, warf Sonja ein.

»Sonja hat geholfen, ihm den Job zu vermitteln«, erklärte ich.

Jim sah verwundert drein.

»Wer ist der Eigner?« fragte er.

»Ein Typ namens Newberger. Er brauchte jemanden auf die Schnelle«, sagte Sonja. »Wir haben auch andere Leute gefragt, aber die hatten keine Lust. Die

Bezahlung ist nicht besonders üppig. Wir haben dann John zu Newberger geschickt.«

»John ist vermutlich ganz okay«, sagte Jim. »Eigentlich kenne ich ihn ja überhaupt nicht.«

»Im Grunde reiße ich mich ja gar nicht darum, auf diesem Boot zu bleiben«, sagte ich. Nun, da ich es zum erstenmal laut ausgesprochen hatte, wurde mir klar, daß es stimmte. Wenn ich eine andere Möglichkeit gesehen hätte, in den Süden zu kommen, hätte ich am liebsten hier und jetzt die Kurve gekratzt.

Jim fragte mich, ob wir den Intracoastal Waterway nehmen wollten, eine Wasserstraße, die hinter der Küstenlinie längs der amerikanischen Ostküste verläuft.

»Der Mast ist zu hoch. Wir kämen niemals unter all den Brücken durch. Wir werden wahrscheinlich rausfahren, bis wir den Golfstrom überquert haben, und dann auf Südkurs gehen. Vorausgesetzt, wir kriegen noch eine Mannschaft zusammen.«

»Die findet ihr in Annapolis. Versucht's mal im ›Marmaduke's‹. Dort treffen sich alle.«

Als ich zum Boot zurückkam, waren John und Meg immer noch nicht da. Ich holte ein paar Seekarten heraus und verfolgte die Routen, die für den Weg nach Florida in Betracht kamen. Meiner Meinung nach konnte man entweder den Golfstrom passieren und in tiefere Gewässer vorstoßen, um dann in einem Zug nach Fort Lauderdale zu segeln, oder aber man hielt sich die ganze Strecke bis Florida dicht an der Küste. Letzteres gäbe uns die Möglichkeit, bei schlimmem Wetter einen Hafen anzusteuern – aber gleichzeitig würden wir uns die Risiken einhandeln, die mit dem Segeln in seichten Gewässern verbunden sind. Das Wetter konnte ziemlich abrupt umschlagen, und wenn es dazu kommen sollte, würde uns der Manövrierraum fehlen, um das Boot in sichere Gewässer zu segeln.

John hielt nicht viel davon, seine Strategie mit mir zu besprechen, und so wußte ich nicht, wie sein Plan aussah – falls er überhaupt einen hatte. Es war allerdings anzunehmen, daß ihm die Route entlang der Küste sympathischer war. Denn John war in meinen Augen ein Segler, der die Nähe zum Land als Rückendeckung brauchte.

Als ich am nächsten Morgen aufstand, waren John und Meg wieder an Bord. Ich hatte mitbekommen, daß Meg sich eigentlich hier verabschieden wollte – aber so, wie die beiden miteinander sprachen, konnte ich mir denken, daß daraus wohl nichts werden würde. Ich wünschte einen guten Morgen und machte mich daran, das Boot zum Auslaufen klarzumachen.

Zwei Tage später, als wir endlich günstigen Wind bekamen, legten wir in dichtem Nebel ab. Vor uns lagen 200 Meilen offene See, bevor wir die relativ geschützten Gewässer der Delaware Bay erreichen würden. Bevor wir ausliefen, war ich John noch dabei behilflich gewesen, unser Schlauchboot auf dem Deck zu verstauen. Ich war froh, nun nicht mehr darauf aufpassen zu müssen, ob unser kleiner roter Freund noch hinter uns herhüpfte.

Um die Stabilität zu erhöhen, hatten wir das Großsegel gesetzt, aber für den Antrieb sorgte der Motor. Diese Kombination war inzwischen unser Standard geworden. Als wir aus der Narragansett Bay heraus waren, wurde die See rauh. Die »Trashman« stampfte heftig, und Schauer aus kalter Gischt spritzten über den Bug. Die Sicht war so miserabel, daß wir von Block Island nicht das Geringste mitbekamen, obwohl wir im Abstand von nur drei Meilen daran vorbeiliefen. Unser Funkpeilsystem hielt uns jedoch genau auf Kurs.

John und ich wechselten uns in dreistündigem Rhythmus mit der Wache ab. Von Meg war an Bord so gut wie nichts zu bemerken. Sie steckte praktisch die ganze Zeit in der hinteren Kabine. Nur hin und wieder tauchte sie auf, gerade lange genug, um ein paar Sandwiches zusammenzukleistern und ein bißchen Kaffee zu kochen – dann verzog sie sich wieder in ihre Koje, wie ein Präriehund in seinen Bau. Ich fragte mich, was sie eigentlich auf diesem Boot wollte, wo sie sich doch so offensichtlich auf See überhaupt nicht wohl fühlte.

Wir waren gerade an Long Island vorbeigefahren, da frischte der Wind auf. Ich überredete John, vorne zusätzlich das Focksegel zu setzen. Als die Fock stand, stabilisierte sich die »Trashman« und nahm mächtig Fahrt auf. John war so beeindruckt, daß er sogar die Maschine abstellte. Während sich das Schiff seinen Weg durch die unruhige See bahnte, wurde das Wetter schlechter. Ein kalter Wind kam jetzt fast genau von hinten, und die Schutzleinwand für das Cockpit richtete gegen das Sprühwasser kaum noch etwas aus. Es begann zu regnen, und der Wind nahm an Stärke zu. Es dauerte keine Stunde, und wir segelten schnurstracks in etwas hinein, was in Seglerkreisen allenthalben unter der Bezeichnung »Scheißwetter« firmiert. Der Wind war nicht so stark, daß man von Sturm hätte reden können, die Wellen auch nicht so hoch, daß unmittelbare Gefahr bestand – aber es war ein mühseliges und sehr feuchtes Vorankommen.

Das Wetter wurde schließlich zu schlecht, um mit der Selbststeuerung weiterfahren zu können. Als ich wieder mit dem Wachgang an der Reihe war, mußte ich ans Steuerruder. Ich strengte meine Augen an, um nicht das Licht von anderen Schiffen oder von Leuchtbojen zu übersehen, aber außer dem windgepeitschten Regen und der dunklen, aufschäumenden See war nichts zu sehen. Kurz nach Sonnenaufgang kam John zu mir herauf und sagte, er habe sich entschlossen, Cape May in New Jersey anzulaufen und dort auf besseres Wetter zu warten. Das kam mir keineswegs ungelegen. Ich hatte wahrlich nichts gegen eine warme Mahlzeit, eine heiße Dusche und eine durchgeschlafene Nacht.

Durch die kleine Kurskorrektur ließ es sich jedoch kaum verhindern, daß das Großsegel die Genua vom Wind abdeckte. Beim Rollen des Bootes fiel das große Vorsegel schlapp gegen die vordere Abspannung des Mastes, um sich dann mit einem gewaltigen Schlag wieder zu blähen. Aber anstatt nach dem Wind zu segeln und später, wenn wir näher an unserem Ziel waren, den Kurs entsprechend zu korrigieren, rollte John lieber das Segel ein und setzte den Hilfsmotor in Gang.

Wir schipperten durch den scheußlichen Seegang. John wurde sehr still. Er stellte sogar seinen Steve Winwood ab, weil er sich »konzentrieren« wollte. Ich verstand nicht so recht, was eigentlich los war – ich hatte wesentlich schlimmere Situationen erlebt. Wie man mit ihnen fertig wurde, war vor allem eine Sache der Einstellung. Man mußte sie als Herausforderung betrachten. Man mußte angriffslustig und entschlußfreudig sein. Der Ozean war wie ein knurrender Hund, der sofort spürte, wenn man Angst bekam.

Irgendwann am Vormittag, wir waren immer noch eine Stunde oder sogar noch mehr vor Cape May, heulte der Maschinenalarm wieder los. John fluchte, hieb auf den Motorabstellknopf und verzog sich in den Maschinenraum. Ich konnte mich derweil mit dem Ruder herumschlagen. Ohne den Vortrieb durch die Maschine und ohne stabilisierendes Focksegel kam der Versuch, das Boot unter Kontrolle zu halten, dem Tanz mit einem Bären gleich. Während wir den Rücken einer Welle nach der anderen hochkletterten, kämpfte ich mit dem Ruder. Je mehr ich mich anstrengen mußte, desto wütender wurde ich – auf das Boot, auf das Wetter und vor allem auf John, der sich so bereitwillig auf sein Maschinchen verließ und einfach nicht genug Mumm in den Knochen hatte, das Boot ordentlich zu segeln.

Nach einiger Zeit tauchte er wieder auf, um zu verkünden, er habe die Maschine klargemacht. Wieder hatte die Störung an der Impellerpumpe gelegen. Ich wollte schon sagen, er habe doch eigentlich bereits neulich, als wir in Falmouth waren, alles »klargemacht«, aber ich hielt lieber den Mund. Er warf den Motor an, und ich blieb am Steuer. Er ging inzwischen unter Deck und beschäftigte sich mit dem Navigationssystem. Nach ungefähr einer Stunde konnte ich rechts voraus, an Steuerbord, einen flachen, dunklen Klecks Land ausmachen. John triumphierte. Seine geliebten diversen Maschinchen hatten sich wieder einmal bewährt – wir befanden uns just an der Stelle, wo wir zu sein hatten.

An der Einfahrt nach Cape May verursachte das wegen der Ebbe aus dem engen Kanal ausströmende Wasser starke Wirbel am Wellenbrecher. Während wir gegen die heftige Strömung anfuhren, vermied ich es, die gezackten Felsen rechts und links der Fahrrinne allzu genau zu betrachten. Wenn die Maschine uns jetzt im Stich ließ, saßen wir mächtig in der Tinte. John brachte das Schiff jedoch sicher hindurch, und kaum hatten wir angelegt, da erschien auch Meg wieder unter den Lebenden und kochte Kaffee. Ich goß mir eine Ladung braunen Rum in meine Tasse und fragte Meg und John, ob sie auch etwas davon haben wollten. Als John mir seine Tasse hinhielt, bemerkte ich, daß seine Hand gewaltig zitterte.

Am Morgen sah alles wieder besser aus. Die See war immer noch rauh, aber bei weitem nicht so außer Rand und Band wie bei unserer Ankunft. Wir tuckerten unter klarem Himmel den Kanal hinunter und gingen draußen die Delaware Bay hinauf auf Nordkurs. Mit gesetztem Großsegel, bei eingeschaltetem Motor und mit Selbststeuerung verbrachten wir einen langen, aber relativ einfachen Tag, als wir dem Fahrwasser des Chesapeake and Delaware Canal folgten. Wir erreichten Annapolis gegen Mitternacht und gingen in glasig schwarzem Wasser vor Anker. John und Meg zankten sich, ob sie noch ausgehen sollten oder doch lieber nicht, und fuhren schließlich im Schlauchboot zum Strand. Ich beschloß, an Bord zu bleiben. Ich war erschöpft und froh, die beiden eine Weile nicht um mich zu haben.

Nachdem sie abgezogen waren, saß ich noch eine Weile an Deck. Die Lichter der alten Stadt tanzten im düsteren Wasser. Um uns herum lagen viele andere Boote vor Anker. Endlich hatte ich wieder das Gefühl, mitmischen zu können. Hier gab es Seeleute – vielleicht fanden wir hier unsere bisher vergeblich gesuchte Crew.

Ich ging unter Deck in meine Kabine und ließ mich in die Koje fallen. Meine Handflächen waren wundgescheuert von dem Leder, mit dem das Steuerrad umwickelt war. Jeder Knochen tat mir weh. Es war ein gutes Gefühl, das von der Sonne und vom Wind brennende Gesicht in das kühle Kissen zu pressen. Ich dachte über Meg nach und rätselte herum, was es wohl war, das sie bei John hielt. Ich fragte mich, wieso er ausgerechnet auf Segelbooten arbeitete, wo ihm doch das Segeln so offensichtlich keinen Spaß machte. Meine Gedanken wanderten zu meiner Mutter, und ich überlegte, wo sie den heutigen Abend verbringen mochte. Schließlich dachte ich an Florida und an Sonnenschein und Wärme. In ein paar Tagen würde ich dort sein. Und nichts von all den anderen Dingen war dann noch von Bedeutung.

KAPITEL 3

Beim Frühstück eröffnete mir John, daß er die Suche nach seiner Mannschaft vertrauensvoll mir überlassen wolle. Ich rief aus einer Telefonzelle am Pier meine Freundin Sarah Cavanagh an, die im vorangegangenen Frühjahr in der Transatlantikregatta auf der »Charles Heidsieck III« mit mir gesegelt war. Sie selbst war nicht da, aber ihre Mutter meinte, daß Sarahs Bruder Brad, der sich zur Zeit irgendwo in Annapolis herumtrieb, an dem Job Interesse haben könnte.

Am Pier kamen mir zwei Männer entgegen. Der eine war groß und muskulös und hatte sandfarbenes Haar, der andere war klein, drahtig und hellblond. Beim Näherkommen sah ich, daß der Große kein anderer als Brad Cavanagh war! Ich hatte ihn vor sechs Monaten das letzte Mal gesehen.

»Du wirst es mir nicht glauben, aber ich habe gerade mit deiner Mutter telefoniert.« Und dann erzählte ich ihm von der »Trashman«.

»Mensch, Brad, hast wohl in jedem Hafen 'ne Braut«, sagte der andere. Er hatte einen britischen Akzent und die merkwürdigsten blaßblauen Augen, die ich je gesehen hatte.

Brad stellte ihn als Mark Adams vor.

Ich fragte Brad, ob er die »Trashman« anschauen wollte. Zu dritt gingen wir die Pier entlang. Mark traf einen Bekannten und blieb zurück, um sich mit ihm zu unterhalten. Als Brad und ich auf das Boot kletterten, steckte John gerade den Kopf aus der Luke.

»Du liebe Zeit, Debbie, das ging aber schnell«, lachte er.

»Du hast gesagt, besorg Mannschaft. Hier ist Mannschaft.« Ich machte die beiden miteinander bekannt. Wir gingen zusammen unter Deck und unterhielten uns ein bißchen. Nach einer Weile fragte John Brad, ob er Lust hätte, auf dem Boot zu bleiben.

»Klingt nicht schlecht«, sagte Brad. »Ich hab da diesen Kumpel, Mark. Hättet ihr eventuell auch noch für ihn Verwendung?«

»Ist er gut?« fragte John.

»Er war beim ›Fastnet‹ dabei, beim ›Admiral's Cup‹, bei der ›Southern Ocean Racing Conference‹. Ich bin ein paar Regatten mit ihm gesegelt. Er spinnt zwar ein bißchen, aber er kann was auf einem Schiff.«

Als Mark an Bord kam, bot John auch ihm einen Job an.

»Auf dieser lahmen Ente brauchen wir vermutlich ein ganzes Jahr bis nach Florida«, sagte Mark. Dann musterte er Meg und mich. »Die zwei Hühner kommen doch nicht mit, oder? Ich kann Weiber auf Schiffen nicht leiden – die sind zu nichts zu gebrauchen.«

Alle lachten, außer mir. Mark sagte zu John, er sei zwar zur Zeit damit beschäftigt, für ein großes Boot, nämlich die »Ocean Greyhound«, die vor ein paar Jahren am Whitbread teilgenommen hatte, eine Mannschaft zusammenzustellen, aber vielleicht könne er trotzdem mitkommen.

Ich war überrascht. Vor kurzem hatte ich dieses Boot noch in England im Trockendock gesehen, und es erschien mir höchst unwahrscheinlich, daß es je wieder in einem Rennen segeln würde.

»Debbie war bei der letzten Whitbread dabei«, sagte John.

»Tatsächlich?«

»Genau.«

»Ich möchte wetten, daß ich weiß, was dein Job war«, sagte Mark und griff sich mit einem meckernden Lachen an den Hosenschlitz. Brad gab Mark einen freundlichen Schubs.

»Mach dir nichts daraus, Debbie. Er gibt eben gern die Wildsau ab.«

Ich machte mir aber doch etwas daraus. Sehr sogar. Ich stand auf und ging an Deck, um mich mit irgendeiner Arbeit abzulenken. Kurz darauf kamen John,

Mark und Brad nach oben. Sie schüttelten einander die Hand. Es schien nun abgemachte Sache zu sein – Newbergers Einverständnis natürlich vorausgesetzt.

»Dieser Mark gefällt mir nicht besonders«, sagte ich zu John, als sich etwas später die Gelegenheit dazu ergab.

»Du kennst ihn doch noch nicht einmal.«

»Ich kenne aber diesen Typ.«

»Brad sagt, er ist ein guter Segler. Wir brauchen Leute, und in längstens einer Woche ist er wieder von Bord – also, was soll's?«

John telefonierte mit Newberger und bekam das Okay, Brad und Mark anzuheuern. Daraufhin war natürlich wieder eine kleine Feier fällig. John war allerdings schon ziemlich blank. So erkundigte er sich, ob jemand von uns »dem Boot« etwas leihen könnte, bis Newberger ihm Geld angewiesen hätte. Mark hatte einen Scheck über 150 Dollar in der Tasche. Zu fünft zogen wir zur Geschäftsstelle des Yachthafens, um ihn einzulösen. Der Mann im dortigen Büro warf einen Blick auf den Scheck und runzelte die Stirn.

»Tut mir leid, mein Freund. Nichts zu machen«, sagte er.

»Nun mach schon. Ich steh' für den Scheck gerade, Ehrenwort«, sagte Mark. »Da kannst du jeden fragen.« Er fing an, Namen von Leuten herunterzurasseln, die sich für ihn verbürgen könnten. Schließlich ging der Mann ins Hinterzimmer, um einen der Genannten anzurufen. Kurz darauf kam er wieder heraus und reichte Mark den Scheck zurück.

»Er sagte, Sie seien, ich zitiere: eines der größten Arschlöcher, die ihm je über den Weg gelaufen sind. Eher gäbe es Eisgang in der Hölle, als daß er bereit wäre, Ihren Scheck einzulösen. Zitat Ende.«

Mark lief rot an und ballte die Fäuste. Dann fing er an zu lachen.

»Verdammter Idiot«, sagte er und stürmte zur Tür hinaus.

»Ich kenne den Barmann vom ›Marmaduke's‹«, sagte er draußen. »Der wird den Scheißscheck einlösen.«

Das »Marmaduke's« war gerammelt voll von Seglern, die wegen der Bootsausstellung nach Annapolis gekommen waren. Mark empfahl sich, um »mit ein paar Leuten wegen der ›Ocean Greyhound‹ zu sprechen«. Ich war platt. Hatte er tatsächlich vor, nichtsahnende Leute dazu zu überreden, für dieses Phantasieprojekt ihren Job aufzugeben? Eines war jedenfalls klar: Leute für Weltklasserennen wurden nicht auf diese Weise angeheuert. Ich beobachtete, wie Mark bei jemandem, den ich kannte, stehenblieb. Die beiden redeten miteinander. Als Mark weiterzog, winkte mich mein Bekannter zu sich.

»Bist du mit diesem Typ zusammen?« fragte er.

»Der Skipper des Bootes, mit dem ich in den Süden segle, hat ihn eben angeheuert.«

»Ist der Typ in Ordnung? Er sagt, er würde gerade für die ›Ocean Greyhound‹ eine Mannschaft zusammenstellen; es ginge um die Hafenregatta von Sydney. Das hört sich nach einer duften Reise an. Hast du eine Ahnung, bei wem man sich diesbezüglich erkundigen könnte? Ich hätte nämlich großen Bock auf den Job.«

»Ich habe mal den Eigner kennengelernt, Les Williams«, sagte ich. »Ich kann vielleicht mal bei ihm anrufen.« Ich schaute zu John, Brad und Meg hinüber. Mark hatte sich inzwischen wieder zu ihnen gesellt. Er gestikulierte wild, und sie bogen sich vor Lachen. Vielleicht liegt es wirklich an mir, dachte ich. Vielleicht ist er gar nicht so übel.

Ich legte mich früh aufs Ohr, konnte aber nicht einschlafen. Meine Gedanken beschäftigten sich unentwegt mit Mark und der »Ocean Greyhound«. Am nächsten Morgen führte mich, noch bevor die anderen aufgestanden waren, mein erster Weg in die Telefonzelle. Ich rief einen Bekannten an, der mir sagen konnte, wie Les Williams in England zu erreichen war. Als ich Les am Hörer hatte, erklärte ich, wer ich war, und berichtete, daß ich soeben von einem gewissen Mark Adams das Angebot erhalten hätte, der Mannschaft der »Ocean Greyhound« beizutreten.

Williams erklärte, das Boot sei immer noch im Trockendock – und von einem Mark Adams habe er noch nie etwas gehört. Da hatte ich also meine Antwort; das Gefühl, das sie in mir hervorrief, war keineswegs erhebend. Ich wünschte mir fast, ich hätte überhaupt nicht angerufen. Jetzt wußte ich mit Sicherheit, daß Mark nicht nur eine Nervensäge, sondern obendrein noch ein Lügner war. Ich setzte mich an die Pier und starrte in das metallischblaue Wasser.

Ich versuchte zu einem Entschluß zu kommen. Die ganze Sache war einfach unglaublich: dieser Giftzwerg von Engländer, dieser Schlappschwanz von Kapitän und seine mannstolle, wasserscheue Braut. Es war einfach ein Witz. Ich überlegte weiter. Was wäre, wenn ich jetzt einfach meinen Kram zusammenpackte und mich empfahl? Ich hatte Freunde in Annapolis. Ich würde schon irgendwie eine Möglichkeit finden, in den Süden zu kommen. Nein, das war dumm. Wieso sollte *ich* mein Boot verlassen? Ich entschloß mich, John über Mark reinen Wein einzuschenken. Wenn er im Bilde war, *mußte* er Mark von der »Trashman« schmeißen, da gab es für mich keinen Zweifel.

»Du hast doch die Sache mit der ›Ocean Greyhound‹ mitbekommen, von der Mark die ganze Zeit redet«, sagte ich etwas später am gleichen Vormittag zu John. »Das ist alles totaler Quatsch. Der Eigner kennt ihn überhaupt nicht.«

»Woher willst du das denn wissen?« fragte er zurück.

»Ich habe mit England telefoniert.«

»Du hast was? Debbie, o Gott! Davon will ich überhaupt nichts wissen. Es ist mir völlig egal, was dieser Typ macht oder nicht macht, kapiert? Wir brauchen eine Mannschaft, und er gehört zu unserer Mannschaft. Ende der Ansage. Warum kümmerst du dich nicht endlich einmal nur um das, was dich selbst etwas angeht?«

»Das hier geht mich sehr wohl etwas an. Ich habe

keine Lust, mit diesem Kerl zusammen zu segeln. Ich werde nicht mitkommen, wenn er mitkommt.«

»Das ist lächerlich!«

»Das ist mein Ernst. Ich bleibe nicht länger auf diesem Schiff.«

»Wenn du jetzt von Bord gehst«, sagte John bedächtig, »dann sorge ich dafür, daß du nie mehr einen Job auf einem Schiff bekommst. Ich meine es ernst. Du kannst doch nicht einfach mir nichts, dir nichts abhauen!«

»Das kann ich sehr wohl, John. Ich bin nicht dein Sklave. Ich habe keine Lust, mit Mark die Reise zu machen.«

»Debbie, zum letztenmal – du bleibst auf diesem Boot. Wir werden morgen Vorräte an Bord nehmen, und am Tag darauf werden wir abfahren. Wir alle: du, ich, Meg, Brad und Mark.«

»Ich kann dir gut nachfühlen, wie es dir mit Mark geht«, schaltete Meg sich ein. Sie hatte unser Gespräch verfolgt. »Aber wenn du ihn einfach nicht beachtest . . .«

»Genau, kümmere dich einfach nicht um den Kerl«, bekräftigte John.

»Und es würde auch nicht schaden, wenn du gelegentlich Debbie unterstützen würdest«, meinte Meg zu John. Er seufzte.

»Paß auf, wenn wir erst einmal unterwegs sind, wird alles prima laufen. Du wirst sehen«, sagte John und ging zum Deck hinauf.

Ich konnte die Sache aber nicht so einfach auf sich

beruhen lassen. Sobald ich die Gelegenheit dazu fand, ging ich wieder zur Telefonzelle und rief Morris Newberger an. Ich sagte ihm, ich hätte es mir anders überlegt und das Regattasegeln würde mir fehlen. Ich würde in den Süden fliegen und versuchen, auf einer Rennyacht einen Job zu finden. Newberger fragte mich, ob es an Bord Unstimmigkeiten mit den anderen Besatzungsmitgliedern gäbe. Ich zögerte erst etwas und meinte dann, »nein, nein, eigentlich nicht«. Als Newberger mir daraufhin vorhielt, daß ich schließlich eine Verpflichtung eingegangen sei, spürte ich, wie mein Entschluß ins Wanken geriet. Newbergers Gardinenpredigt war noch nicht vorbei, da war mir schon klar, daß ich aus dieser Geschichte nicht aussteigen konnte. Ich würde mit der »Trashman« in den Süden fahren. Ich trottete zum Boot zurück und kam mir idiotisch vor – weil ich diesen Anruf gemacht hatte und weil ich mir so leicht den Wind aus den Segeln hatte nehmen lassen.

Gegen fünf Uhr nachmittags hatten John, Meg, Brad und ich alles verstaut, saubergemacht und überprüft. Wir machten uns stadtfein und zogen zu dem Restaurant, wo wir Mark treffen und vor der Abfahrt noch eine letzte »kleine Feier« veranstalten wollten. Wir aßen zu Abend und wechselten gerade in die Bar hinüber, als Mark hereingetaumelt kam.

»Das ist Tilly«, sagte er, wobei er das Gleichgewicht verlor und das niedliche braunhaarige Mädchen, das er uns vorstellen wollte, beinahe umgestoßen hätte.

John mußte Mark am Arm festhalten, sonst wäre er vornüber gestürzt.

Mark bestellte eine Runde für alle und taumelte auf mich zu.

»Hey, Mark«, sagte ich. »Ich habe heute mit einem Freund in England telefoniert. Du kennst doch Les Williams, den Besitzer der ›Ocean Greyhound‹?«

Alle verstummten. Marks Gesicht lief rot an.

»Er meinte, er hätte noch nie etwas von dir gehört. Und er sagt, die ›Ocean Greyhound‹ sei ein Trümmerhaufen.«

»Du blödes Weibsstück«, zischte er und kam mit seinem Gesicht dicht an mich heran. »Was zum Teufel hast du hinter mir herzuschnüffeln?«

»Ach, nur so«, gab ich zurück. »Les schien sich ein bißchen zu wundern, das ist alles.«

John trat dazwischen. »Beruhigt euch, Leute. Wir wollen hier doch unseren Spaß haben. Nun macht uns nicht die Stimmung kaputt.«

»Ich mache gar nichts kaputt«, sagte ich. »Ich habe jede Menge Spaß.«

»Du kommst dir wohl besonders großartig vor, Miss Whitbread«, giftete Mark.

Brad packte ihn unter den Achseln. »Laß gut sein. Setz dich hin und vergiß es! Und du, Debbie, gibst jetzt auch Ruhe, okay?«

»Von mir aus«, sagte ich.

Als wir nach dem Aufruf zur letzten Runde gehen wollten, griff sich Mark noch eine volle Flasche Whiskey aus den Vorräten hinter der Bar und polterte im Schleudergang zur Tür. Auf der »Trashman« feierten wir mit Tilly und ihrem Galan bis in die frühen Morgenstunden weiter. Mark soff den Whiskey direkt aus der Flasche. Die Party nahm ein ziemlich abruptes Ende, als Mark Tilly unter den Rock griff und ihr das Höschen herunterriß. Stocksauer machte sich Tilly zu ihrem Boot davon, und wir verzogen uns alle in unsere Kabinen. Ich war betrunken und todmüde und hatte die Schnauze voll von Mark.

Gegen Mittag waren wir klar zum Auslaufen. Die Mannschaft befand sich zwar noch in einem ziemlich desolaten Zustand, aber das Wetter war um so großartiger. Der Wind blies uns in den Rücken und kam bei klarem Himmel mit 10 bis 15 Knoten, also 18 bis 27 Stundenkilometer, aus Nordnordwest, und die Temperatur lag um 20 Grad. Am Morgen hatten wir uns per Fax die Wetterdaten geben lassen und den Wetterbericht abgehört. Für die nächsten drei oder vier Tage sah es ganz nach Bilderbuchwetter aus. Wir machten uns die Chesapeake Bay hinunter auf den Weg. Wir segelten mit Besansegel, Großsegel und der Rollfock. Die »Trashman« reagierte begeistert. Sie flog nur so dahin und schoß mit neun Knoten durch die Wellentäler. Auf diese Weise konnte sie einen vergessen lassen, was für ein großes und schweres Boot sie war.

Am späten Nachmittag frischte der Wind auf. Kurz vor Sonnenuntergang entschloß sich John, das Focksegel wieder aufzurollen. Er wolle nicht riskieren, sagte er, im Dunkeln Newbergers Lieblingsspielzeug zu beschädigen. Gegen 18 Uhr begannen wir mit den Wachwechseln. Mark und John übernahmen die erste Wache. Brad und ich gingen unter Deck, um zu schlafen.

Drei Stunden später weckte Meg uns fürs Abendessen. John ließ das Boot mit der Selbststeuerung fahren, damit wir uns alle zusammen zum Essen hinsetzen konnten. Meg, John und Brad waren guter Dinge, nur Mark saß mit versteinertem Gesicht da und starrte mich mit seinen gletscherblauen Augen an.

»Wenn du denkst, ich hätte schon vergessen, daß du hinter mir hergeschnüffelt hast, meine kleine Miss Whitbread, dann hast du dich geschnitten«, sagte er schließlich. »Rache ist Blutwurst, das wirst du noch sehen.«

Ich blickte zu John hinüber. Als Kapitän hatte er die Mannschaft in Zaum zu halten.

»Behalt deine Weisheiten für dich, Mann!«, sagte er.

Einen Moment lang herrschte gespanntes Schweigen. Dann fing Meg an, etwas von einer Bar in Fort Lauderdale zu plappern, wo sie unbedingt hingehen wollte, und die Spannung legte sich. Ich beendete schnell meine Mahlzeit und ging hinauf an Deck. Es war eine herrliche, sternklare Nacht, und die »Trashman« tanzte über die Wellen. Ich versuchte, nicht an Mark zu denken und mich auf das wunderbare Geräusch des elegant durch das Wasser gleitenden Bootes zu konzentrieren. Ich schloß die Augen und ließ mir den Wind ins Gesicht blasen. Es war kühl, aber ich hatte mir etwas drübergezogen. Und außerdem wußte ich, daß Florida mit jeder Minute ein Stückchen näher rückte.

Als Brad an Deck kam, schalteten wir die Selbststeuerung wieder aus. Der Wind kam fast genau von hinten, die »Trashman« hatte mit Besan-, Groß- und Genuasegel sämtliches Tuch gesetzt. Zum erstenmal konnte ich das Boot unter vollen Segeln fahren. Das Schiff machte einen großartigen Eindruck.

Ich wechselte mich mit Brad am Steuer ab. Wir unterhielten uns so angeregt miteinander, daß wir beschlossen, die anderen ein bißchen länger schlafen zu lassen. Ich mochte Brad – er war unkompliziert und humorvoll und hatte offensichtlich viel Freude am Segeln. Außerdem war eine Sanftheit in ihm, die in merkwürdigem Kontrast zu seiner körperlichen Erscheinung stand. Er kam mir vor wie ein riesiger Teddybär. Er erzählte mir von seiner Kindheit in einer Vorstadt nördlich von Boston und berichtete, wie ihn sein Vater mit Segelbooten vertraut gemacht hatte, als er noch ein kleiner Junge war.

»Als meine Mutter mit mir schwanger war, segelte sie mit meinem Vater durch einen Hurrikan«, erzählte Brad. »Und als ich in der High-School war und mein Vater diese Zwölfmeteryacht hatte, da mußte ich jedes Wochenende raus zum Segeln –«

»Du mußtest?«

»Jawohl. Jedes Wochenende und jeden Tag, an dem mein Alter frei hatte.«

Ich erzählte ihm, daß ich das Segeln in Texas im

Sommerlager gelernt und dann mit Booten nichts mehr im Sinn gehabt hatte, bis ich das College in Austin abbrach und mich in die Karibik absetzte.

»War deine Mutter denn nicht sauer, daß du die Schule geschmissen hast?« fragte Brad.

»Ich hab es ihr gar nicht gesagt. Ich bin einfach abgehauen. Vier Monate später rief ich bei ihr an. Ich glaube, es war ihr überhaupt nicht aufgefallen, daß ich nicht mehr da war.«

Gegen vier Uhr morgens meldete sich die Müdigkeit dann doch, und unser Gespräch fand ein Ende. Wir mobilisierten John und Mark für ihre Wache. Ich ließ mich in die Koje fallen und war im selben Moment schon eingeschlafen.

Als ich vier Stunden später für meine nächste Wache wieder an Deck kam, stellte ich befriedigt fest, daß wir inzwischen die Mündung der Bay hinter uns gelassen hatten und auf die offene See hinaussegelten. Die Wetterbedingungen waren unverändert prächtig, mit einer frischen Brise von 15 bis 20 Knoten, leichtem Wellengang und ein paar Wattewölkchen.

Ich ging nach unten, um mir Kaffee zu holen. John saß am Kartentisch. Ich fragte ihn, ob er immer noch vorhabe, sich mit Tillys Boot in Beaufort zu treffen, um ihren Geburtstag zu feiern.

»Ich glaube, solange so gutes Wetter angesagt ist, sollten wir zusehen, daß wir vorankommen«, meinte John. »Wenn wir Pech haben, kommen wir nach Beaufort und hängen dann wegen Mistwetter eine

Woche lang fest. Außerdem kann ich diese Karte nirgendwo finden.«

»Welche Karte?«

»Die Karte für diesen Küstenbereich. Ist sowieso egal. Wir brauchen sie ja nicht.«

Ich ging zurück und übernahm von Brad das Ruder. Wir hatten unseren Kurs leicht geändert und liefen jetzt etwas stärker südöstlich, um mehr Seeraum zu gewinnen. Ich war noch nie vor der amerikanischen Atlantikküste gesegelt, aber ich wußte doch, daß Cape Hatteras als notorisches Schlechtwetterloch bekannt war. Wir segelten immer noch über Steuerbordbug, mit sämtlichen Segeln am quereinkommenden Wind. Wir machten weiterhin gute Fahrt, und ich begann mir auszurechnen, daß wir möglicherweise sogar schon früher als geplant in Florida ankommen konnten.

Gegen Mittag kamen John und Mark an Deck. Sie hatten beide ein Bier in der Hand, Mark zudem noch eine kleine Kühltasche dabei.

»Willst du ein kühles Blondes?« erkundigte sich Mark bei Brad, der aber abwinkte. Brad und ich verzogen uns nach einer schnell eingenommenen Mahlzeit in die Kojen. Als ich am Nachmittag gegen vier Uhr wieder aufwachte, merkte ich schon an den Bewegungen des Bootes, daß der Wind aufgefrischt hatte. Ich zog mein wetterfestes Ölzeug an, weckte Brad und ging an Deck. Der Wind blies jetzt mit etwa 20 bis 25 Knoten, und der Wellengang lag zwischen drei und gut dreieinhalb Metern. Im Südwesten zog eine dunkle Wolkenbank auf. Laut Wetterfax war mit keinerlei Wechsel zu rechnen, aber es schien sich trotzdem etwas zusammenzubrauen.

Mark und John hatten Fock-, Groß- und Besansegel etwa je ein Viertel gerefft. Wir segelten immer noch über Steuerbordbug und kamen trotz der rauher gewordenen See gut voran. Ich wechselte mich mit Brad im Zwanzigminutenturnus am Ruder ab. Jedesmal, wenn ich das Rad übernahm, mußte ich mich stärker ins Zeug legen, um die »Trashman« auf Kurs zu halten. Am Ende unserer Vierstundenwache hatte der Wind auf etwa 30 bis 35 Knoten aufgefrischt, und die See kam mit dreieinhalb bis viereinhalb Meter hohen Wellen ein.

Unter Deck war das Steve-Winwood-Band soeben zurückgelaufen und fing wieder von vorne an zu dudeln. »Wir müssen John dazu bringen, endlich mal ein anderes Band zu spielen. Das ist einfach nicht mehr auszuhalten«, sagte ich.

Ich ging nach unten, um John und Mark zur Wachablösung zu holen. Sie saßen im Salon.

»Durst?« fragte John und hielt ein Bier hoch.

»Was sagt eigentlich unser letztes Wetterfax?« fragte ich, während ich mich aus meinem Ölzeug schälte.

»Das gleiche wie das vorige und das vorvorige auch.« John zuckte die Achseln.

»Es wird langsam rauh«, sagte ich.

»Das ist doch nicht rauh«, erwiderte Mark und kletterte die Treppe des Niedergangs hinauf, wobei er sich bemühte, nichts von der bernsteinfarbenen Flüssigkeit in seinem Glas zu verschütten.

»Ich glaube, ich werde mir doch einen genehmigen. Was war das in seinem Glas?« wollte ich wissen.

»Whiskey.«

»Mit was?«

»Mit Whiskey.«

Ich mixte mir einen Wodka mit Preiselbeersaft und ließ mich aufs Sofa fallen. Mein Gesicht brannte vom Wind, und meine Haut war körnig von Salz. Brad kam herunter und holte sich ein Bier, bevor wir zusammen die von Meg aufgewärmte Lasagne aßen. Dann verzogen wir uns wieder in die Kojen, um zu schlafen.

Ich spürte, wie mich jemand am Arm rüttelte.

»Debbie, steh auf. Sofort!« Es war John. Seine Stimme klang gepreßt.

»Bin schon da«, sagte ich.

»Was ist los?« fragte Brad.

»Es bläst mit Spitzenböen über 70 Kilometern, aber in den Wetterberichten ist nirgends von einem Wetterwechsel die Rede. Mann, das ist wirklich seltsam. Dieser Scheißsturm kommt einfach aus dem Nichts.«

Ich setzte mich auf. »Wie stehen die Segel?«

»Wir haben sie so weit gestrichen, wie wir es mit dieser blöden Rollreffanlage konnten. Die Fock haben wir ganz eingerollt, dafür eine kleine Sturmfock gesetzt. Das Großsegel ist weitere 25 Prozent gerefft, somit steht jetzt davon noch ungefähr die Hälfte.«

Das Boot krachte in eine Welle und bebte.

»Scheiße«, sagte John.

»Was ist mit dem Besansegel?« erkundigte sich Brad.

»Das haben wir schon vor einer Stunde eingerollt.«

Auf Deck sah es nicht ganz so schlimm aus, wie es sich nach Johns Darstellung angehört hatte. Der Seegang war zwar in der Tat noch stärker geworden, aber schließlich befanden wir uns im Golfstrom, wo es immer ein bißchen heftiger zuging. Außerdem hatte sich nördlich der Bahamas ein Tiefdruckgebiet befunden, das vermutlich von Osten her eine beträchtliche Dünung zu uns herüberschickte. Es würde mich nicht wundern, wenn das Wetter weiterhin recht lausig blieb, bis wir den Golfstrom hinter uns hatten.

Ich ging ans Ruder und wechselte mich mit Brad nach ungefähr zehn Minuten ab. Wir blieben bei dieser Wacheinteilung – kurze Abschnitte von Schwerstarbeit, unterbrochen von ebenso kurzen Erholungspausen. Nach einiger Zeit kam John an den Fuß des Treppenaufgangs.

»Ich glaube, wir sollten jetzt umdrehen«, rief er herauf. »Macht eine Halse.«

Brad und ich sahen uns ungläubig an.

»Hier? Jetzt?« schrie ich zu John hinunter. »Was ist los, willst du jetzt doch zu Tillys Geburtstagsparty?«

»Das Wetter macht mir Sorgen. Ich möchte nicht im Golfstrom sitzen, falls es noch schlechter wird.«

»Dann muß ich dir was sagen, Amigo«, rief Brad. »Wir sind schon mittendrin.«

»Dann müssen wir eben zurück, bis wir knapp vor seinem Rand sind, und versuchen, dort zu bleiben.«

Mir erschien das Ganze nicht besonders sinnvoll. Der Golfstrom hatte zwar seine Tücken, aber wir waren so verdammt nahe an Cape Hatteras, daß es sich von selbst verbot, mit dem Wind auf die vor uns liegende Küste zuzulaufen. Aber schließlich hatte John das Kommando. Brad drehte das Boot mit einem Halsemanöver.

Wir liefen jetzt über Backbordbug. Der achterliche Wind kam fast genau von hinten und erreichte in Böen 40 Knoten. Ich hoffte inständig, daß John wußte, was er tat. Brad und ich wechselten uns wieder mit dem Ruder ab. Jedesmal, wenn ich das Ruder erneut in die Hand nahm, kam es mir vor, als seien die See noch chaotischer und der Wind noch stärker geworden. Das Boot auf Kurs zu halten wurde zur aufreibenden Arbeit. Unsere Wache endete um Mitternacht. Ich wollte nur noch schlafen.

Als ich unter Deck kam, sah ich, wie alles vom Sturm umhergeworfen wurde. Die beiden großen Sessel schlitterten mit jeder Schlingerbewegung des Bootes hin und her und schürften tiefe Kratzer in den polierten Bodenbelag. Ich fragte John, ob er die Sessel gesichert haben wollte, aber er sagte, ich solle mich nicht darum kümmern. Für mich war das eine Erleichterung – im Moment reichte meine Energie gerade noch dazu aus, das Ölzeug abzustreifen und in die Koje zu fallen.

Vier Stunden später waren Brad und ich wieder an Deck, und das Wetter war noch scheußlicher geworden. Wir hatten mit dem Segeln alle Hände voll zu tun, und je länger sich unsere Wache hinzog, desto einsilbiger wurden wir. Am Ende der Wache waren wir beide total erledigt.

»Los, auf«, hörte ich Johns Stimme.

Ich rieb mir stöhnend die Augen. »Sind die vier Stunden schon um?«

»Draußen ist die Hölle los«, sagte John. »Wir kriegen Wasser ins Schiff.«

Ich mußte mir erneut die Augen reiben.

»Nun mach schon. Du mußt da draußen ran, und zwar dalli«, drängte John. »Mark ist . . . ziemlich komisch. Wir müssen ihn nach unten bringen.«

John fügte noch hinzu, er wolle sich um die Lichtmaschine kümmern. Das Aggregat müsse betriebsbereit sein, falls wir zusätzlichen Strom benötigten. Ich quälte mich in mein Ölzeug und dachte dabei, daß John vom Schwerwettersegeln wohl keine Ahnung hatte.

Dann spürte ich, wie das Boot wie von einem Kran gezogen mit dem Heck nach oben ging. Ich streckte die Arme aus, um das Gleichgewicht zu halten. Das Boot stöhnte, und der Bug kippte nach unten weg. Für den Bruchteil einer Sekunde hingen wir in der Luft, und ich bekam ein flaues Gefühl wie in einer

Achterbahn. Dann begann die Fahrt nach unten, und mein Magen schien wegzusacken.

»Ach du verdammte Scheiße«, sagte Brad. Ich hörte Mark an Deck Jubelschreie ausstoßen. Der Rumpf der »Trashman« zitterte heftig, während wir mit unvorstellbarer Geschwindigkeit vom Kamm der Welle herunterschossen. Ich klammerte mich an einen Querbalken, um nicht der Länge nach rückwärts hinzuschlagen. Dann hangelte ich mich zum Aufgang.

An Deck angelangt, sah ich Mark am Steuer und erstarrte. Er lachte wild, führte Selbstgespräche und brüllte in den Wind. Das weißblonde Haar klebte an seinem Schädel. Mit seinem schockfarben grünen Pullover, dem geröteten Gesicht und den blaßblauen Augen sah er aus wie ein Geschöpf von einem anderen Planeten.

Brad kam hinter mir herauf. »Ach du verdammte Scheiße«, sagte er noch einmal, mit einem Blick auf Mark und die gebirgshohen Seen. Der Sturm blies mit 50 bis 55, vielleicht sogar mit 60 Knoten, und die Wellen waren siebeneinhalb bis neun Meter hohe Mauern aus flüssigem Granit. Türme aus Wasser krachten auf unser Heck. Ich packte das Ruder. Mark trat etwas zur Seite. Er verlor das Gleichgewicht und landete mit lautem Bums auf dem Boden des Cockpits.

»Mann über Bord!« kicherte er, und das Kinn sackte ihm auf die Brust. Er war betrunken – einfach sturzbesoffen. Er kroch zum Niedergang.

»'ss is' Ihnen hoff'ntlich nich' ssu rauh, Miss Whitbread«, lallte er, während er den Niedergang hinunterkroch.

»Leck mich doch, Mark«, sagte ich.

»Leck mich 'och, Mark«, papageite es von unten zurück.

KAPITEL 4

Als ich das Steuerrad in der Hand hatte und spürte, wie das Boot, nach vorne überhängend, in die gewaltigen Wellentäler hinunterschoß, da begriff ich, warum Mark wie ein Verrückter gebrüllt hatte. Unter Aufbietung all meiner Kräfte mußte ich das Ruder gegen die gewaltige Strömung des Wassers stemmen. Auf der »Xargo« hatte ich zwar schon ähnliches mitgemacht, aber noch nie hatte ich mit eigenen Händen ein Boot durch so schweren Seegang gesteuert. Es war beängstigend und erregend zugleich und überstieg alles, was ich bisher auf Booten erlebt hatte.

Brad rief zu John hinab, daß es wohl besser sei, die Cockpit-Schutzleinwand von der Reling zu bergen, bevor wir sie verlieren würden. John steckte einen

Moment lang den Kopf heraus, um sich mit Brad zu verständigen, und verschwand dann wieder.

»Er sagt, er kann die Schottenbretter zum Dichtmachen des Niedergangs nicht finden. Wenn wir die Schutzleinwand bergen, läßt das Luk zuviel Sprühwasser durch.« Das Heulen in der Takelage war so laut, daß ich kaum hören konnte, was er sagte.

Brad bot sich an, das Ruder zu übernehmen. Ich hockte mich neben ihm nieder und starrte in die See. Da waren lauter Gipfel und Täler, jenseits unserer Reling gab es keine einzige glatt verlaufende Linie mehr. Alles war grau in grau. War es das Grau der Morgendämmerung oder der Abenddämmerung, oder war es Mittag? Ich versuchte, einen Moment lang in Ruhe meine Gedanken zu sammeln. Aber kam es darauf überhaupt an? In meinem Geist formte sich das Bild, das wir, von oben betrachtet, bieten mußten: Wellen, die sich hinter unserem Heck wie reißende Tiere aufbäumten, bereit, jeden Augenblick zuzuschlagen.

Wenn wir in die dunklen Schluchten zwischen den Wogen hinabrasten, wurden Wind und Lärm abrupt verschluckt, als hätte man an einem Sturmsimulator plötzlich den Schalter umgelegt. Dann ging der wilde Ritt von vorne los, und abermals wurden wir in die tobenden Wellen emporgeworfen. Ich konnte nicht sagen, was schlimmer war: die geisterhafte Stille im Wellental oder das wütende Heulen auf den Kämmen.

Ich hörte, wie Meg durch das Getöse meinen Namen rief. Ich war überrascht, auf einmal ihre Stimme zu hören. Ich hatte sie seit . . . ja, seit wann hatte ich sie eigentlich nicht mehr gesehen? Seit einem Tag? Ich spürte, wie wieder der Zorn auf John in mir hochkam, weil er Meg mitgenommen hatte. Wozu war sie schon nütze? Jemand, der Hand anlegen konnte, wäre in diesem Wetter noch gut zu gebrauchen gewesen.

Meg fragte, ob Brad oder ich Kaffee wollten. Ich bemerkte, daß ich noch nicht einmal gefrühstückt hatte. Meg stand in der Kombüse. Sie trug eines von Johns Oxfordhemden mit Button-down-Kragen und eine lila Trainingshose.

»Ziemlich rauh da draußen, was?« sagte sie, während sie mir Kaffee gab. Das Boot schlingerte, und ich versuchte meine Tasse einigermaßen ruhig zu halten.

»Woher willst denn ausgerechnet *du* das wissen?« fragte ich. »Warst du zufällig in jüngster Zeit schon mal an Deck?«

Meg schaute mich betroffen an, dann wendete sie den Blick ab. »Debbie, bitte, versuch nicht, mich fertigzumachen. Du weißt doch, daß ich da oben nichts helfen kann – oh, mein Gott!« Das Boot fegte wieder in freiem Fall nach unten. Meg verlor das Gleichgewicht und flog quer durch die Kabine. Sie prallte gegen das Sofa. Ich schaffte es, auf den Beinen zu bleiben, und ging zu ihr hinüber, um ihr hochzuhelfen.

»Bist du in Ordnung?« fragte ich.

»Mir fehlt nichts«, sagte sie und riß sich von mir los.

»Es tut mir leid«, sagte ich. »Aber ich bin total erledigt.«

Von Deck kam ein lautes Krachen. Brad fing an zu

schreien. Ich stürmte nach oben und sah ihn mit schreckerfüllten Augen zum Heck starren.

»Bist du okay?« fragte ich.

»Es ist weg!«

»Was ist weg?«

Ich hob den Blick nach achtern, um zu sehen, wieso er dort hinstarrte. Das Glasfaserbeiboot war fortgerissen worden. Von den beiden Kranarmen der Aufhängung war nur noch einer vorhanden.

»Wie ist das passiert?«

»Ein Brecher. Er hat es einfach mitgenommen, wie nichts«, sagte Brad. »Ich habe ihn überhaupt nicht kommen sehen.«

John erschien oben auf Deck. Als er sah, daß wir das Beiboot verloren hatten, schüttelte er im Zeitlupentempo ungläubig den Kopf.

»O Mann, der Newberger wird mir den Kopf abreißen«, jammerte er und starrte auf die Stelle, wo das Boot gehangen hatte. »Der bringt mich glatt um.«

Am Mittag war meine Wache zu Ende, und ich legte mich schlafen. Vier Stunden später waren Brad und ich wieder an Deck. Das Wetter hatte sich keinen Deut gebessert. Falls es überhaupt eine Veränderung gegeben hatte, dann die, daß der Sturm noch gewaltiger und die Wellen noch monströser geworden waren. Irgendwann am Nachmittag war der Baum des Focksegels gebrochen, als der Sog einer Welle das Boot herumgerissen und quer vor den Wind gelegt hatte. Der durch das unfreiwillige Haltemanöver plötzlich einfallende Winddruck und das über das

Deck spülende Wasser waren für den Fockbaum zuviel gewesen. Zum Glück war das Focksegel selbst nicht beschädigt worden.

Als ich das Steuer übernommen hatte, bekam ich zu spüren, wie schwierig es war, das Focksegel unter Kontrolle zu halten. Jetzt, mit einsetzender Dunkelheit, konnte einem vor der Aufgabe, das Boot zu steuern, erst recht angst und bange werden. Wir würden unseren Gegner nicht mehr sehen können. Dennoch sagte ich mir, daß es durchaus möglich war, die Situation im Griff zu behalten. Brad und ich versicherten uns gegenseitig immer wieder, daß das Wichtigste sei, jetzt nur nicht die Nerven zu verlieren und einfach das zu tun, was nötig war. Am Ende unserer Wache gelang es uns allerdings nicht mehr, unsere Erschöpfung zu verbergen – und unsere Angst. Als ich nach unten kam, sah ich, wie Meg Ölzeug anlegte. Ich fragte, was sie vorhatte.

»Raufgehen und helfen.«

»Spinnst du? Was da draußen vorgeht, ist ein Alptraum.«

Sie zuckte mit den Achseln und kletterte die Stufen nach oben hinauf. Ich war zu müde, um mir über Meg Gedanken zu machen. Ich sah ihr nach, wie sie verschwand, und tappte zu meiner Kabine.

Einige Zeit später wurde ich plötzlich von John geweckt. Über mich gelehnt, rüttelte er an meiner Schulter. Die Worte sprudelten hastig und kaum verständlich aus ihm heraus.

»Wir haben Probleme. Meg ist gestürzt und hat sich den Rücken verletzt. Ich muß unbedingt in den Maschinenraum und versuchen, die Lichtmaschine klarzubekommen, und Mark kann man nicht alleine da oben lassen.«

Brad setzte sich auf. Er begann, sein schweres Zeug anzuziehen. »Was ist mit Meg passiert?«

John berichtete, daß Meg wieder unter Deck gehen wollte und gerade den Karabiner an ihrem Sicherheitsgurt aufgehakt hatte, als eine Welle das Boot traf und Meg von einer Seite des Cockpits auf die andere geknallt wurde.

»Sie hat starke Prellungen«, sagte John. »Es sieht sehr schlimm aus.«

Meg lag in der Achterkabine mittschiffs quer auf dem Boden. Sie hatte die Beine gegen eine Koje gestemmt. Bei jeder Bewegung des Bootes stöhnte sie vor Schmerz leise auf, aber als ich wissen wollte, ob ich ihr helfen könne, bestand sie darauf, daß alles in Ordnung sei. Ich steckte meinen Kopf durch die Luke des Maschinenraums, um zu sehen, wie John mit der Lichtmaschine vorankam. Trotz der ungestümen Bewegungen des Bootes war es dort unten ruhig, fast friedlich. John saß auf dem Boden und trank ein Bier.

»Feierst du eine Party?« erkundigte ich mich.

»Wie geht's Meg?«

»Sie sagt, sie sei okay. Und was treibst du?«

»Ich denke nach.«

»Ich dachte, du arbeitest an der Lichtmaschine.«

»Das tue ich doch! Ich muß nachdenken.«

»Oh.«

»Verzieh dich lieber an Deck!« herrschte John mich an.

Es war kaum zu glauben. Er saß warm und trocken da unten, trank ein Bier – und scheuchte mich an Deck. Als ich nach oben kam, war Brad am Ruder. Mark saß neben ihm.

»Oh, dem lie'm Gott ssei ge'ankt«, lallte Mark. »Wir ssind 'erettet. Miss Whitbread iss hier.«

»Du bist wohl völlig übergeschnappt!« schrie ich ihn an. »Wir stecken mitten in einem Sturm, und du bist besoffen. Du bist ja ein noch größeres Rindvieh, als ich dachte!«

»Hör auf ssu meckern«, zischte Mark und versuchte, auf die Beine zu kommen. »Noch sswimm'n wir ja, oder?« Er taumelte auf die Treppe zum Salon zu.

»Der Kerl bringt uns noch alle um!« schrie ich und sah Brad ins Gesicht.

»Was soll *ich* denn da machen?« schrie Brad zurück. »Er war mit dem Skipper hier oben auf Station, verdammt noch mal. Was soll ich denn da tun?«

Als ich ans Ruder ging, mußte ich mir Mark aus dem Kopf schlagen – alles mußte ich mir aus dem Kopf schlagen, denn jetzt gab es nur noch eines: das Boot unter Kontrolle zu halten. Der Wind blies nahezu ununterbrochen mit fast 60 Knoten Geschwindigkeit, das waren immerhin fast 110 Kilometer pro Stunde, und es war kaum möglich, das Focksegel im Wind zu halten. Solange wir uns auf einem Wellenberg bewegten, war alles in Ordnung. Aber sobald wir in ein Wellental hinuntersackten, gerieten wir in den Windschatten. Das Boot wurde von den Kreuzseen quer zum Kurs gedrängt, und die Segel begannen wie wild zu schlagen. Eine einzige heftige unfreiwillige Drehung konnte uns den Mast kosten. Es wurde allmählich viel zu gefährlich, das Großsegel, wenn auch gerefft, stehen zu lassen, aber wir konnten nichts daran ändern. Mit der Rollreffanlage ließen sich die letzten 25 Prozent des Segels nicht mehr an seinen Platz in den Mast hinein aufrollen, und das Segel jetzt komplett abzunehmen wäre vermutlich Selbstmord gewesen.

Es kostete mich meine ganze Kraft und Geschicklichkeit, die »Trashman« aufrecht zu halten. Solange ich am Ruder stand, war ich derart in Anspruch genommen, daß mir gar keine Zeit mehr blieb, Angst zu spüren. Aber wenn Brad den Rudergänger machte, konnte ich mir die Hölle betrachten, durch die wir hindurchsegelten . . . und, es war kaum zu glauben, Wind und Wellengang nahmen immer noch zu. Der Windmesser zeigte 66, dann 67, 68, und stieg weiter bis auf 71 Knoten, also auf über 125 Kilometer pro Stunde! Der Großmast vibrierte so heftig, daß man das Gefühl hatte, das Boot würde auseinandergerüttelt. Um vier Uhr morgens war ich völlig am Ende. Brad ging nach unten, um Mark und John zu holen. Er kam ohne die beiden zurück.

»John sagt, er braucht noch ein bißchen Zeit für seine Lichtmaschine, und Mark ist total weggetreten. Ich konnte ihn einfach nicht wachbekommen.«

»Das ist ja prächtig. Wie lange kann man eigentlich an so einer Lichtmaschine herumbasteln?«

»Wir können doch noch eine Zeitlang durchhalten. Gib mir das Ruder, und mach uns inzwischen einen Kaffee.«

Als ich unten war, kam John gerade aus der Achterkabine. Er bat mich, hineinzugehen und noch mal mit Meg zu sprechen. »Versuch ihr wegen dem Wetter ein bißchen Mut zu machen, verstehst du? Sag ihr, daß alles prima läuft.«

Ich hätte am liebsten laut aufgeschrien. Alles läuft prima! Vielleicht stellte er sich vor, daß ich Meg etwas vom tanzenden Mondschein auf ruhigen Wassern erzählte oder von einer köstlichen Brise, die unsere Segel küßte. Wie wär's denn damit: Hey, Meg, die Wellen sehen aus wie der verdammte Himalaya. Ich mach mir vor Angst in die Hosen, und du hättest mindestens genauso viel Grund dazu!

Meg lag immer noch am Boden. Sie hatte geweint.

»Wie schaut's denn bei euch da oben aus?« fragte sie.

»Es ist nicht gerade ein Späßchen, aber wir schaffen es schon«, sagte ich. »Und wie steht's mit dir?« Sie sah fürchterlich aus.

»Laß uns erst mal da sein, dann geht's mir wieder besser.«

Ich redete noch ein paar Minuten mit ihr und ging dann zurück an Deck. Kurz darauf kam John. Er sagte, daß er die Maschine anwerfen wolle.

»Jetzt?« erkundigte sich Brad.

»Ich mache mir Sorgen wegen Meg«, antwortete John. »Sie muß in ein Krankenhaus.«

»Ich weiß nicht, ob uns die Maschine zusätzliche Fahrt bringt«, meinte Brad.

»Die Batterien müssen sowieso nachgeladen werden«, gab John zurück.

Brad drehte den Zündschlüssel und drückte auf den Starterknopf. Die Hilfsmaschine sprang an, und sofort plärrte auch wieder Steve Winwood aus den Lautsprechern. Brad und ich wechselten uns weiter am Ruder ab. Unsere Wache zog sich immer mehr in die Länge. Wir waren schon fast sechs Stunden an Deck, als Brad nach unten ging, um wieder einmal einen Versuch zu starten, Mark und John zur Ablösung nach oben zu holen.

Auch diesmal kam er allein zurück. »John sagt, er braucht noch ein paar Minuten mit der Lichtmaschine, und Mark ist immer noch so gut wie tot.«

In diesem Moment blökte der Warnton für die Maschine los. John kam heraufgehechtet. Er schubste mich beiseite und drosch auf den Abstellknopf.

»Ich kann diese Scheiße einfach nicht glauben«, beschwerte er sich. »Was soll eigentlich noch alles schiefgehen? Jetzt ist uns schon wieder ein Impeller verreckt!«

»Dann bringen wir das eben wieder in Ordnung«, beruhigte ihn Brad. »Nur keine Panik.«

»Ich weiß nicht, ob wir noch so ein Ding an Bord haben.« John fuhr sich fluchend mit den Fingern durchs Haar. »Kannst du mir mal suchen helfen?«

Das fahle Licht eines trüben Sturmmorgens kroch über den Osthimmel. Die ganze Nacht über hatte ich es krachen, ächzen und reißen gehört – jetzt konnte ich den angerichteten Schaden besehen. Die »Trashman« war verwüstet. Die Schutzleinwand war zerfetzt, der Windmesser abgerissen. Eine der Antennen war verschwunden, und Teile der Radaranlage waren abgeschlagen. Nur das an Deck festgezurrte Schlauchboot schien unversehrt. Ich fühlte mich plötzlich sehr allein. Ich rief nach Brad. Keine Antwort. Wieder und wieder schrie ich seinen Namen. Auf einmal kam Mark durch das Luk an Deck.

»Hör auf mit deinem dämlichen Kreischen! Wo brennt's?«

»Wo es brennt? Du und John solltet endlich die Ärsche hier heraufbewegen und eure Wache übernehmen! Das ist es, wo es brennt!«

»John ist beschäftigt. Er sucht etwas mit Brad.« Mark plumpste zurück in die Kabine, und ich war wieder allein.

»Brad!«

Nach ein paar Minuten kam Brad mit John herauf. Sie hatten keinen Impeller gefunden, und Johns Suche nach der Karte für den Küstenbereich um Cape Hatteras war erneut ergebnislos verlaufen. Somit war es ausgeschlossen, den Kurs zu bestimmen, falls wir einen Hafen anlaufen wollten. John hatte außerdem festgestellt, daß das Kielschwert blockiert war. Er konnte das Ding weder nach oben noch nach unten bewegen.

»Willst du damit etwa sagen, daß es die ganze Zeit nicht ausgefahren war?« fragte ich bestürzt.

»Wie ich dir gesagt habe, es sitzt auf halbem Wege fest«, gab John zurück.

»Aber man muß es doch irgendwie von Hand betätigen können.«

»Weiß nicht.«

»Aber irgendwie geht das doch immer!«

»Woher willst du das wissen?«

»John, ich weiß es einfach!«

»Debbie, vielleicht klappt auf diesem Boot eben gar nichts«, meinte Brad.

»Aber es gibt immer –«

»Debbie, nun halt mal für einen Moment die Schnauze, klar?« knurrte John. »Unterm Strich steht jedenfalls fest, daß wir Meg ins Krankenhaus bringen müssen. Ich werde über Funk die Küstenwache rufen und mir einen Kurs zum nächsten Hafen geben lassen.«

»Wie stellst du dir das denn vor? Wie sollen wir ohne Maschine in einen Hafen kommen? Wäre es nicht besser, wir halten durch und wettern den Sturm einfach ab? Schließlich schwebt Meg doch nicht akut in Gefahr –«

»Wer ist hier der Kapitän?« kläffte John mich zornig an. »Der Kapitän bin ich, klar? Ich! Und ich rufe jetzt die Küstenwache.«

»Mist!« sagte ich, nachdem John nach unten gegangen war.

»Was soll man machen?« erwiderte Brad.

Als er das Ruder von mir übernahm, war es sechs Uhr dreißig in der Frühe. Wir waren jetzt sechseinhalb Stunden auf Wache, und das Wetter verschlechterte sich immer noch. Ich schob die Luke auf und steckte den Kopf hindurch. Die Kabine unter mir war ein Trümmerfeld. Die beiden Sessel lagen mit vollgesogenen Polstern umgekippt auf der Seite. Alles, was nicht niet- und nagelfest war, schlitterte mit jeder heftigeren Bewegung des Bootes hin und her.

John war am Funkgerät und sprach mit der Küstenwache.

»Ich habe unsere Position durchgegeben«, sagte er, als er mit der Meldung fertig war.

»Und?«

»Ich habe ihnen auch mitgeteilt, daß wir eine Verletzte an Bord haben, die medizinisch versorgt werden muß, und daß ich einen Kurs brauche. Sie sagten, ich soll auf Empfang bleiben.«

Die statische Elektrizität der Atmosphäre knisterte im Funkgerät. Die Küstenwachstation von Charleston meldete sich mit einer Kursangabe. John und ich gingen an Deck und gaben Brad die neue Peilung.

»Ich weiß nicht, ob wir das schaffen«, meinte Brad. »Das bringt uns genau breitseits zum Seegang.«

»Tut mir doch den Gefallen«, sagte John mit matter Stimme und verschwand wieder nach unten.

Brad rackerte sich ab, um das Boot auf dem neuen Kurs zu halten, aber mit nichts als dem Focksegel und einem kleinen Dreieck vom Großsegel saßen wir wie eine lahme Ente im Wasser. Welle über Welle drosch auf unsere Steuerbordseite.

»Das ist nicht zu schaffen«, sagte Brad nach einiger Zeit. »Ich laß das Boot ein bißchen vom Kurs abfallen. Geh runter und sag John Bescheid.«

Im Niedergang stand Mark. »Was zum Teufel macht ihr zwei Stümper eigentlich da draußen? Könnt ihr die Schüssel nicht ordentlich auf Kurs halten?«

»Mark, halt's Maul!« fuhr Brad ihn an. Es war das erste Mal, daß ich ihn Mark gegenüber diesen Ton anschlagen hörte. »Sieh lieber zu, daß du John holst. Und wenn wir schon mal dabei sind, warum hältst du dich nicht an die verdammte Wacheinteilung? Weißt du eigentlich, wieviel Uhr es mittlerweile ist?«

Mark starrte Brad giftig an und trollte sich dann unter Deck.

»Wie kann einer nur ein solches Arschloch sein«, japste ich. »Ich kann's einfach nicht glauben –«

»Debbie, Schluß jetzt, einfach Schluß jetzt! Ich hab die Nase voll davon, daß ihr zwei euch ewig miteinander fetzt. Halt jetzt bitte mal für einen Moment die Klappe! Meinst du, du kannst das schaffen?«

Brads Worte hatten mich getroffen. Ich griff nach dem Ruder.

»Mach Platz. Ich bin dran«, sagte ich kühl. Brad trat beiseite und kletterte, ohne ein weiteres Wort zu sagen, den Niedergang hinunter.

Ich beschloß, die »Trashman« wieder auf den Kurs von 300 Grad zu legen. Beim Steuern spürte ich den enormen Druck, der auf dem Ruder lastete. Ich hatte das Gefühl, ein minimales weiteres Abfallen vom Kurs könnte uns gerade soviel zusätzliche Fahrt einbringen, daß unsere Steuerbordseite im Bereich des Hecks von den Wellen nicht kurz und klein geschlagen wurde. Wir liefen dann zwar nicht mehr exakt auf 300 Grad, aber die Abweichung war gering – und wir machten Fahrt. Vielleicht würden wir nicht genau an der Stelle auskommen, wo John uns hinhaben wollte, aber der Versuch, in einen Hafen einzulaufen, wäre glatter Selbstmord gewesen. Schon die Einfahrt nach Cape May war problematisch gewesen, und da hatte der Wind nur mit 35 Knoten geblasen, und wir hatten zudem die Unterstützung durch die Maschine. John machte sich gewaltig etwas vor, wenn er glaubte, ein ähnliches Manöver sei unter den jetzigen Verhältnissen zu schaffen.

Brad kam wieder herauf und rief, sie wollten jetzt auf die Kabinenfenster zum Schutz die Abdeckhauben aus Kunststoff setzen. Ich müßte mit dem Ruder inzwischen alleine fertig werden.

»Brad, ich kann nicht mehr«, sagte ich und kämpfte mit den Tränen. »Ich bin total fertig. Sag John und Mark, sie müssen schleunigst herkommen.«

Ein paar Minuten später erschien Mark. Er sagte kein Wort und nahm einfach das Ruder. Ich fühlte mich benommen und schwach und dachte, ich würde gleich umkippen. Als ich in den Salon getappt war, hörte ich, wie John ins Mikrofon des Funkgerätes sprach. Er vereinbarte gerade mit der Küstenwache einen Zeitplan für stündlichen Funkkontakt. Die Uhr zeigte zwanzig Minuten nach acht. Ich war fast achteinhalb Stunden lang ununterbrochen auf Wache gewesen.

John stellte das Funkgerät ab und schickte mich zu Brad, dem ich bei der Suche nach den Abdeckhauben für die Kabinenfenster helfen sollte. Ich holte tief Luft. Ich wollte nichts anderes als schlafen, aber es war mir klar, daß ich helfen mußte. Als ich zu Brad stieß, wühlte er sich gerade in der Bugkabine durch sämtliche Ausrüstungsgegenstände. Wir stellten zwanzig Minuten lang alles auf den Kopf, aber die letzte Haube war nicht zu finden.

»Jetzt kommt sofort einer von euch herauf, ich bleibe keinen Augenblick länger allein hier oben!« hörte ich Mark vom Cockpit her schreien. »Entweder in der nächsten Sekunde erscheint hier jemand, oder ich binde das Steuer fest und gehe nach unten!«

Brad sagte, er würde für ein paar Minuten hinaufgehen, aber John müsse ihm versprechen, ihn baldigst abzulösen. Beim Hinaufklettern kam ihm durch die Tür des Niedergangs ein Wasserfall entgegen. Schlingernd und stöhnend fegte das Boot einen Wellenberg hinunter. Es kam mit einem harten Schlag unten auf, und wir knallten alle drei gegen die Wand. Aus der Achterkabine drang Megs Schmerzensschrei.

»Also, das war's«, sagte John. Er arbeitete sich zur Navigationsecke hinüber, schaltete das Funkgerät an und versuchte, die Verbindung mit der Küstenwachstation in Charleston herzustellen. Beim zweiten Versuch klappte es.

»Ich weiß, daß ich mich etwas zu früh melde, aber ich glaube, ich muß Sie um Hilfe bitten«, sagte John. »Wir müssen hier draußen wirklich gewaltige Prügel einstecken. Wir kriegen die Nase nicht mehr aus dem Wasser, und es sieht im Moment wirklich nicht sehr gut aus. Over.«

Johns Eingeständnis der Niederlage machte mir angst. Ich war noch nie auf einem Boot gefahren, das bei der Küstenwache um Beistand gebeten hatte. Eine verwirrende Mischung aus Erleichterung und Schuldgefühl durchfuhr mich. Ich ging nach oben und berichtete Mark und Brad, daß John gerade per Funk um Hilfe gebeten hatte.

»Kommt nicht in Frage«, meckerte Mark. »Hier läuft doch alles bestens. Wir brauchen die Scheiß-Küstenwache nicht. Verdammte Amateure!«

John kam an Deck und sagte zu Mark, er würde jetzt ans Ruder gehen. Mark blieb im Cockpit und setzte sich neben Brad. »Alles verdammte Amateure«, murmelte er noch einmal. Als ich nach unten ging, um nach Meg zu sehen, fand ich sie schlafend auf dem Boden. Sie sah aus, als hätte sie sich in den letzten zehn Stunden nicht bewegt. Ich fragte mich, ob sie überhaupt zur Toilette gekommen war. Sie so liegen zu sehen erfüllte mich jäh mit einem bedrängenden Gefühl der Schuld. Ich hatte ein schlechtes Gewissen, weil sie wahrscheinlich durch meine Worte an Deck getrieben worden war – und jetzt lag sie verletzt hier. Wir krachten in eine Welle, und ich taumelte gegen den Türrahmen.

Ich arbeitete mich weiter vorwärts. John rief nach mir, und ich bahnte mir den Weg zu den anderen ins Cockpit hinauf.

»Ich will, daß wir die Segel wechseln«, sagte John. »Die Fock ist zerfetzt. Ich möchte versuchen, ein winziges Stück von der Genua zu setzen, damit wir mehr Stabilität bekommen, und vom Großsegel möchte ich auch einen kleinen Zipfel mehr setzen – wir müssen einfach mehr Fahrt machen.«

Mark stand mit verschränkten Armen da und schüttelte den Kopf. John schenkte ihm keine Beachtung. Nach kurzer Zeit ging Mark, vor sich hin brabbelnd, nach unten. Ich machte mich mit Brad daran, Johns Anweisungen auszuführen. Als ich mich vorbeugte, sah ich, wie Mark den Niedergang emporstürmte, um sich auf John zu stürzen. Er schwang eine Kurbel, die für die Bedienung einer großen Winde gedacht war, und wollte sie auf Johns Kopf niedersausen lassen. Ich schrie auf, und John konnte sich gerade noch wegducken.

»Was soll das?« schrie ich. Jetzt ging Mark auf mich los und holte erneut mit der Metallkurbel aus. Er packte mich mit seiner freien Hand und verrenkte mir den Arm. Endlich kam Brad und zerrte ihn von mir fort. Mark wandte sich zum Wasser und schwang erneut die Kurbel, als ob er sie über Bord werfen wollte, aber Brad wand sie ihm aus der Hand. Mark riß sich los und polterte die Treppe zum Salon hinunter.

Ich konnte es nicht fassen. »Der ist ja nicht mehr ganz dicht«, sagte ich.

»Besoffen ist der!« schrie John. »Vergiß ihn. Los, wir müssen fertig werden.«

John ging auf die windabgewandte Seite des Focksegels, wo die Schotleine festgemacht war, und ließ sie langsam kommen, während ich die Leine für den Reffmechanismus betätigte, durch den das Segel aufgewickelt wurde. Als John die neue Schot, durch deren Zug die aufgerollte Genua abgewickelt wurde, ein paarmal um die entsprechende Winde gelegt hatte, wechselte ich nach Steuerbord hinüber und lockerte gefühlvoll die Reffleine des Genuasegels. Ich wußte, daß ich mit der Leine nur mit äußerster Vorsicht dem Zug nachgeben durfte, sonst konnte der Sturm in das Segel fahren und das ganze wie eine Markise aufgerollte riesige Genuasegel, das ungefähr ein Drittel unserer gesamten Segelfläche ausmachte, mit einem Ruck herausreißen. Ich legte die Leine um eine Winde und gab ganz langsam nach, während John gleichzeitig die Schot auf Spannung hielt. Und dann wurden meine schlimmsten Befürchtungen wahr. Mit einem Schlag rauschte das ganze Segel aus und flatterte mit tosendem Lärm wie wild im Sturm vor dem Boot hin und her. Meine Reffleine war gerissen. Die »Trashman« wurde herumgeschleudert und auf die Seite gedrückt. Als John das Segel hochflattern sah, gab er sofort seine Schotleine frei, und das Boot richtete sich wieder auf.

»Wir müssen das Segel herunterkriegen«, schrie er. Wenn das Segel sich irgendwie unter der »Trashman« verfing, konnte es das ganze Boot mit sich in die Tiefe reißen. John arbeitete sich zum Bug vor, wobei er gegen die unablässig über das Deck donnernden Wassermassen kämpfen mußte, die ihn über Bord zu spülen drohten.

Ich kroch zum Großmast und umklammerte ihn mit einem Bein. Das Drahtseil zum Herunterlassen des Segels war am Mastfuß an seiner Umlenkrolle festgerostet. Schließlich gelang es mir doch, das Seil klarzubekommen, und ich gab John Zeichen, das Segel herunterzuziehen. Er riß ein paarmal heftig am Tuch, aber nichts rührte sich. Ich sah nach oben. Die Vorderkante des Segels, das Vorliek, war aus der Halteschiene herausgerissen, mit der das Segel an der vorderen Mastabspannung, dem Vorstag, befestigt war.

Ich gab dem Drahtseil mit ein paar Umdrehungen der Winde Spannung und kämpfte mich zum Cockpit durch. Es war äußerst schwierig, bei all dem überkommenden Wasser auf den Beinen zu bleiben. Wir brauchten unbedingt noch jemanden zum Anpakken, und selbst wenn dieser Jemand Mark sein sollte. Ich schlüpfte den Niedergang hinunter. Mark war am Funkgerät.

». . . nicht weiter schlimm«, hörte ich ihn sagen. »Ich hab es halt leider mit ein paar ausgesprochenen Stümpern zu tun.«

»Mark, hör auf, in der Gegend herumzufunken. Wir brauchen dich schleunigst an Deck. Wir müssen ein Segel bergen.«

Ich ging nach oben und versuchte, wieder zu John

vorzudringen. Er war immer noch am Bug. Die windabgewandte, die Leeseite, des Decks lag jetzt vollständig im Wasser.

»Was zum Teufel ...«, entfuhr es Brad. Ich blickte hoch und sah Mark mit einem Schlachtermesser zwischen den Zähnen aus dem Niedergang hervorstürmen. Er nahm das Messer aus dem Mund und fuchtelte wild damit in der Luft herum. »Idioten«, brüllte er. »Kappen, einfach kappen! Ihr bringt uns noch alle um!«

Ich arbeitete mich zu John durch, wobei ich mich mit dem Karabiner meines Sicherheitsgurtes von einem Fixpunkt zum nächsten vorhakte. Als ich bei John angekommen war, brach eine Sturzsee über uns herein. Wir klammerten uns aneinander und an das Segel. Als die Woge uns wieder freigab, zählten wir bis drei und rissen aus Leibeskräften an dem Segel. Ich konnte spüren, wie es ein bißchen nachgab, aber schon überrollte uns die nächste Woge. Wir mußten wieder etwas warten, dann legten wir uns abermals und diesmal noch stärker ins Zeug. Das Segel kam herunter und begrub uns in seinen Falten.

Wasser schwappte über den Bug, und plötzlich trieb ich in Wogen von vielfach gefälteltem Kunstfasergewebe. Ich wurde zur Leeseite des Bootes hinübergezogen. Meine Hand bekam etwas Festes zu fassen. Ich befreite mich aus den Falten des Segels und zog mich nach achtern in Richtung Cockpit. Als ich zurückblickte, zappelte John immer noch in den

Fängen des Segels und versuchte, das Tuch auf das Deck hinauf zu bugsieren.

»Laß es sausen, John«, schrie ich. Er riskierte den Tod, nur um ein Segel zu retten! Eine Welle brach über mich herein und schwemmte mich an die Reling der Leeseite. Ich japste nach Luft und hangelte mich weiter die Reling entlang nach hinten. Auf einmal tauchte John neben mir auf.

»Los, weiter, bevor uns die nächste Welle erwischt«, schrie er. Wieder stürzte Wasser über mich herein. Ich merkte, wie ich abglitt. Plötzlich packte mich jemand am Ölzeug und zog mich ins Cockpit. Mein Retter war Mark.

»Was zum Teufel treibt ihr da eigentlich? Warum könnt ihr nicht alles stehen lassen, wie es ist? Ihr bringt uns in Dreiteufelsnamen noch alle um!« Das Messer hatte er beiseite gelegt.

Die Luft war voller Gischt. Man konnte kaum etwas sehen, und das Atmen fiel schwer. Wir saßen zu viert im Cockpit und waren vollauf mit dem reinen Überleben beschäftigt. Das Boot schlingerte, stampfte und rollte. Mark vergrub das Gesicht in den Händen. Ich quälte mich ans Ruder, und John und Brad machten sich daran, die Abdeckhauben über den drei Fenstern der Steuerbordseite anzubringen. Die Backbordseite des Bootes lag bis über die Fensterlinie im Wasser. Selbst wenn wir alle Abdeckhauben gefunden hätten, wäre es unmöglich gewesen, sie jetzt dort über den Fenstern festzuschrauben.

Ich versuchte das Boot zu steuern, wobei »steuern«

nicht ganz der richtige Ausdruck ist für das, was ich tat. Während wir über die gipfelhohen Seen ritten und in die dazwischenliegenden Schluchten hinabjagten, war es mir gerade noch möglich, das Rad festzuhalten. Meine Arme zitterten vor Erschöpfung, meine Hände waren gerötet, aufgerissen und eiskalt. Ich hatte jegliches Gefühl in ihnen verloren.

»Ich glaube, es hieß, daß sie ein Flugzeug schikken«, sagte Mark.

Brad und ich mußten bei dieser Vorstellung laut lachen – wie sollte uns ein Flugzeug hier draußen finden! Es klang einfach zu lächerlich, aber Mark beteuerte weiter, daß man das zu ihm gesagt hatte. Ich sah hoch zu den schmutziggrauen, tiefhängenden Wolken. Was konnte ein Flugzeug jetzt schon für uns tun? Vielleicht Meg von Bord holen? Oder uns alle? Das hätte bedeutet, die »Trashman« aufzugeben, und das konnte ich mir nicht vorstellen.

Meg erschien auf der Treppe, die in den Salon führte. Ich war überrascht, daß sie wieder herumlaufen konnte. Sie sagte, ein Flugzeug sei auf dem Weg zu uns heraus; sobald wir es hören könnten, sollten wir laut schreien. Auf diese Weise könnte John den Piloten verständigen, sobald sich das Flugzeug in unserer Nähe befand. Bei dem brüllenden Sturm, den donnernden Wellen und dem Heulen der Takelage konnte ich mir zwar nicht so recht vorstellen, wie wir überhaupt etwas hören sollten, aber tatsächlich, nach einigen Minuten war das Brummen eines Flugzeugs zu vernehmen. John streckte den Kopf aus der Luke.

»Schon was gesehen? Ich glaube, sie sind genau über uns. Sagt mir Bescheid, wenn ihr etwas seht.«

Ich blickte nach oben und wartete. Wie eine Traumerscheinung löste sich über uns eine kleine zweimotorige Propellermaschine aus den niedrigen Wolken. Ich begann auf das Luk zu trommeln und rief nach John. Brad, Mark und ich wedelten mit den Armen und jauchzten und lachten. Es schien so verrückt, so unwirklich. Es war, als sei ein großer Sagenvogel vom Himmel herabgeschwebt, um uns unserer Hölle zu entreißen.

»Brad, hast du mal einen Albatros gesehen?« rief ich, ohne das Flugzeug aus den Augen zu lassen.

»Nein«, sagte er und verfolgte die Maschine, die langsam einen Kreisbogen flog.

»Sie sind unglaublich. Ich habe im Südatlantik einmal einen gesehen. Es stürmte genauso besessen wie jetzt, und plötzlich erschien dieser große Vogel wie aus dem Nichts und hing über uns. Es heißt, daß sie Glück bringen.«

Das Flugzeug verschwand einen Moment lang in den tiefhängenden Wolken. Als es wieder auftauchte, fingen wir wieder alle an zu winken. Das Flugzeug winkte mit den Tragflächen zurück und verschwand in den schwarzen Wolken. Ich konnte John am Funkgerät hören. Die Küstenwache sagte, es befänden sich zwei Handelsschiffe in unserer Nähe – das eine war die »Gypsum King«, das andere die »Exxon Huntington«. Sie seien von unserer Situation unterrichtet und versuchten, uns ausfindig zu machen. Sie lagen etwa fünfeinhalb Stunden von uns entfernt – was bedeutete, daß eines der Schiffe oder alle beide etwa gegen sechzehn Uhr dreißig bei uns eintreffen konnten. Okay, dachte ich, bis dahin können wir schon noch durchhalten.

Der Anblick des Flugzeuges hatte uns aufgeputscht, aber bald ließ die Erregung nach, und ich merkte, wie übermüdet ich war – nach inzwischen fast elfeinhalb Stunden in Wind und Wetter an Deck. Brad und ich hatten Mark das Ruder anvertraut. Er schien wieder etwas nüchterner geworden zu sein, und außerdem hatten wir inzwischen das Großsegel von Hand vollständig wegreffen können. Da wir uns jetzt bar aller Segel treiben ließen, gab es eigentlich kaum noch etwas, was er falsch machen konnte.

John hatte das EPIRB auf den Kartentisch gelegt, einen Notsender, der Seenotsignale an vorbeikommende Flugzeuge und Schiffe aussenden konnte. Um Strom zu sparen, war das Funkgerät abgestellt. Wir würden es erst wieder gegen Mittag für unseren nächsten Kontakt mit der Küstenwache einschalten.

In der Zwischenzeit konnten wir nichts anderes tun, als zu warten und zu versuchen, etwas Schlaf zu bekommen. Ich ging nach hinten in meine Kabine und schälte mich aus meiner Wetterkleidung. Die einzigen mir noch verbliebenen trockenen Kleidungsstücke waren ein altes rotes Sweatshirt und ein Paar gestreifte Leichtathletikshorts aus Nylon. Ich zog die Sachen über und kletterte in die Koje. Das Bettzeug war feucht, aber das war mir egal. Ich hörte Wasser durch die Schlitze der Bretter am Niedergang herunterplatschen. Kurz darauf war das Geräusch der anspringenden Bilgenpumpe zu hören. Die Schiffe befanden sich inzwischen wahrscheinlich keine vier Stunden weit von uns entfernt. Ich brauchte nur vier Stunden zu schlafen, und dann würde Hilfe da sein.

Ich döste gerade ein, als Mark wieder zu brüllen anfing. »Ich werde nicht länger allein hier oben bleiben! Wenn jetzt nicht schleunigst einer raufkommt, binde ich das verdammte Ruder fest. Ich binde das verdammte Ruder fest!«

Geht mich nichts mehr an, dachte ich. Nicht mein Problem.

KAPITEL 5

»Los, nichts wie weg hier!«

Lautes Schreien riß mich aus meinem Tiefschlaf. War es schon wieder Zeit für die Wache? Ich fühlte mich, als hätte ich eben erst die Augen zugemacht.

»Wir hauen ab, nun mach schon!« Es war Brad. Er hatte mich am Arm gepackt und zerrte mich aus meiner Koje. Als meine Füße den Boden berührten, stand ich knietief im Wasser.

»Los, weiter«, brüllte Brad und schob mich in Richtung Kombüse.

Was ging hier vor? Warum schubste er mich so? Dann begriff ich: Die Küstenwache war gekommen oder eines der Handelsschiffe. Im Vorwärtsstolpern zum Salon hörte ich ein seltsames Rauschen, als ob ein Schiff direkt über uns beigedreht hätte. Dann sah ich Wasser durch die Backbordfenster hereinstürzen. Mein Gott, hatten sie uns gerammt und dabei die Fenster zertrümmert? Mark stapfte hustend und mit weit aufgerissenen Augen durch das steigende Wasser, Meg stand schreckensstarr im Türrahmen. Sie öffnete den Mund, aber ihr Entsetzensschrei blieb stumm.

»Los, Meg!« brüllte Brad. John kam hinter Meg aus der Kabine, warf einen Blick auf den überfluteten Salon und schob seine Freundin zum Aufgang. Dann hechtete er ans Funkgerät. Brad zerrte mich inzwischen weiter voran zu den Stufen des Niedergangs.

»Mayday ... Mayday ... wir sinken, wir sinken ...«, schrie John. Wieso hielt er sich mit dem Funkgerät auf, wenn das Schiff schon da war? Wir hatten doch wirklich keine Zeit mit Spielereien zu verlieren – das Wasser stand inzwischen schon schulterhoch.

Ich kletterte hinter Brad den Niedergang hinauf, verzweifelt darum bemüht, das Gleichgewicht zu halten. Unser Boot schoß gerade wieder in ein Wellental hinab. Zusammen erreichten wir das Deck. Aber wo war das Schiff? Wo waren die Leute, die zu unserer Rettung gekommen waren? Nichts und niemand war hier, nur die Wellenungeheuer, der erbarmungslose Sturm und der häßliche Himmel. Von der Küstenwache war nichts zu sehen. Niemand war zu sehen – an Backbord nicht und an Steuerbord nicht.

Ich stand da, das Deck sackte unter mir weg, Wasser stürzte auf mich ein, und nichts war zu sehen! Sämtliches Blut wich aus meinem Gehirn. Meine Knie wurden weich. Die nackte Wahrheit machte mich schwindelig.

Die »Trashman« sank, und wir waren ganz allein.

Dann wurde alles zu einem quälend langsam ablaufenden Alptraum.

Ich sah, wie sich Mark am Heck über den Schacht bückte, in dem die Rettungsinsel in einem koffergroßen Kunststoffbehälter verstaut war. Ich beobachtete, wie Brad unter den überkommenden Wellen das auf dem Kabinendach festgezurrte Schlauchboot loszumachen versuchte. Ich betrachtete das Spiel seines Bizeps, während er an den stahlharten Knoten zerrte – Knoten, die durch das sinkende Schiff noch strammer gezogen wurden. Ich hörte, wie das Schlauchboot mit einem Schlag freikam, und ich sah Brad darauf zuschwimmen. Ich sah, wie er sich in das Boot warf, als es sich auf der Leeseite eines Wellenberges für einen Augenblick festsaugte.

Ein Turm aus düsteren Wassermassen baute sich über dem Deck auf, krachte auf Meg und mich herunter und spülte uns in die Takelage des Großmastes. Ich wurde unter Wasser gedrückt, kam wieder hoch und hörte Megs Schreie, dann riß uns der Sog einer neuen Welle zum Heck.

In den Pausen zwischen den einzelnen Brechern gelang es mir, vom Boot fortzuschwimmen. Ich ritt wassertretend die gewaltigen Wellen ab und sah Mark, der den Behälter mit der Rettungsinsel umklammert hielt, während Meg erneut von einer Woge hochgehoben und in die Takelage des Großmastes geschleudert wurde. Sie schrie wie am Spieß. Als der Sog sie wieder nach hinten über das Deck spülte, sah ich Blut über ihre Beine rinnen. Die Trainingshose, die sie zuvor getragen hatte, trieb auf dem Wasser.

»Meg!« rief ich. »Du mußt vom Boot wegschwimmen!«

»Ich kann nicht!«

»Schwimm weg! Warte, bis eine Welle kommt, und dann schwimm!«

Ich sah, wie sie erneut in das Drahtseilverhau hineingezogen wurde. Mir war klar, daß sie völlig hilflos war. Sie hatte keine Erfahrung mit Wellengang und wußte nicht den richtigen Augenblick abzupassen, an dem man sich freischwimmen konnte. Ich schwamm zum Boot zurück, um ihr zu helfen. Als ich nahe genug bei ihr war, schlug sie klammernd die Arme um mich.

Schreiend versuchte ich, ihre Hände von meinen Schultern zu reißen. »Verdammt noch mal, Meg, so ersaufen wir doch bloß beide!« Irgendwie gelang es mir, sie aus der Takelage zu befreien. Wir waren jetzt vom Schiff weg in freies Wasser gekommen. Ich erblickte Brad, der sich am Schlauchboot festhielt, und begann unter Aufbietung aller Kräfte darauf zuzuschwimmen.

Ich klammerte mich an die Seitenwand des auf und ab tanzenden und mittlerweile gekenterten kleinen Schlauchbootes; dann kam Meg, und kurz darauf tauchte John neben Brad auf. Wir hielten uns an der außen umlaufenden Leine fest und beobachteten atemlos das sinkende Schiff und Mark, der immer noch an dessen Heck mit der in ihrem Behälter verstauten Rettungsinsel kämpfte. Es sah so aus, als würde er im nächsten Moment mit nach unten gezogen.

Dann flog schlagartig der Behälter auf, und die Rettungsinsel entfaltete sich. Der Sturm schlug in das Rettungsfloß, aber Mark ließ nicht locker. Er wurde hinterhergezogen wie ein gestürzter Wasserskifahrer, der die Schleppleine nicht loslassen will. Mit angehaltenem Atem verfolgte ich seinen Kampf mit der Rettungsinsel. Wenn er es schafft, in dieses Iglu aus Gummi hineinzukommen, dachte ich, dann kriegen wir ihn nie wieder zu Gesicht. Mit uns wird er sich nicht aufhalten. Ein gewaltiger Windstoß entriß ihm die Rettungsinsel und jagte sie quer durch die Wanten des sinkenden Schiffes. Das Floß schlitterte über einen Wellenkamm und war auf Nimmerwiedersehen verschwunden. Mark kam mit verzweifelten Schlägen zu unserem Schlauchboot herübergeschwommen.

»Ich konnte das Scheißding nicht halten«, stieß er hervor, als er sich neben Brad hochzog. »Ich konnte es einfach nicht halten.«

Brad ließ sich unter das Schlauchboot sinken. Ich schrie seinen Namen, aber ich bekam keine Antwort. Ich schrie noch einmal. Nichts! Mensch, Brad, ich darf dich nicht verlieren. Ohne dich werde ich es hier draußen niemals schaffen!

»Brad!«

Keine Antwort.

»Brad!«

»Ich bin auf der anderen Seite«, hörte ich endlich seine Stimme. »Alles in Ordnung!«

»Komm hierher zurück«, schrie ich. Ich wollte ihn hier haben, hier bei mir, wo ich ihn sehen konnte.

»Nein. Ich bleibe hier drüben.«

Wir waren inzwischen etwa fünfzehn Meter von der »Trashman« fortgetrieben worden. Das Schiff hatte sich so stark zur Seite geneigt, daß die Masten fast waagrecht auf dem Wasser lagen. Das halbe Deck war untergetaucht. Eine Welle schleuderte das Schiff gegen den Wind, und eine zweite krachte gegen seinen Rumpf. Irgendwie richtete es sich noch einmal auf. Die Masten schlugen hoch in die Luft – als ob das Schiff mit einer letzten Anstrengung um sein Überleben kämpfen würde.

»Wir werden alle ganz beschissen krepieren!« schrie Mark. »Beschissen krepieren werden wir!«

»Jetzt ist alles vorbei, alles vorbei«, leierte John wie in Trance.

Wir glitten in ein Wellental, dann trug uns eine neue Woge auf ihren Kamm. Von der sinkenden »Trashman« waren noch die beiden Mastspitzen zu sehen. Schließlich war lediglich die Spitze des Großmastes da, und dann sah ich mit Entsetzen, wie auch dieses letzte Stückchen der »Trashman« verschwand. Das Ganze hatte gerade zwei Minuten gedauert. Nun gab es nur noch uns und die wütende See.

»Wir werden alle ganz beschissen krepieren!« kreischte Mark.

»Schnauze, Mark!« brüllte ich ihn an. »Schnauze!« Ich klammerte mich fest. Mehr konnte ich nicht tun. Eisern festklammern, während das Schlauchboot in der wilden See herumgeschleudert wurde. Jede Welle drohte mich vom Boot fortzureißen. Meine Handflächen brannten. O Gott, meine Hände sind wie Feuer! Ich kann mich nicht mehr halten. Es geht nicht mehr! Wir sanken in ein Wellental, für einen Moment erstarb der Wind. Ich dachte: Bin ich denn wirklich hier? Bin ich wirklich hier? Ich fühlte mich so winzig, so hilflos, so ausgeliefert, und alles hatte kaum länger gedauert als der Schlag eines Herzens. Brad hatte mich aus meiner Koje gezerrt – und was war dann geschehen? Wurde die Rettungsinsel tatsächlich hinweggefegt? Hatte ich wirklich soeben zugesehen, wie die »Trashman« vom Meer verschlungen wurde?

Ich hörte Mark immer noch schreien, aber seine Stimme war seltsam gedämpft und schien von weither zu kommen – als ob sein Kopf sich unter Wasser befände und die Wörter in Blasen emporblubbern würden. Im brüllenden Sturm kam mir auf einmal das rasende Hämmern des Herzens in meiner Brust zu Bewußtsein. Gerade wieder erklomm das Schlauchboot ein rollendes Gebirge. Ich preßte die Stirn gegen die Wandung. Es roch nach Gummi, und ich schmeckte Salz auf meinen Lippen. Auf einmal spürte ich eine intensive Wärme im Wasser. War diese Wärme normal? Oder fühlt es sich so an, wenn man stirbt?

Ich blickte wieder um mich und sah Mark, John und Meg. Sie erschienen mir gesichtslos und verschwommen, als würde ich durch Milchglas schauen. Eine gewaltige Welle riß uns nach oben, Wasser schlug in mein Gesicht, drang mir in Mund und Nase. Das Salz brannte in meinem Schlund. Ich konnte nicht mehr atmen. Das war's, dachte ich. Das ist das Ende. Ich hatte das Gefühl, von einem riesigen prähistorischen Vogel mit wildem Flügelschlag emporgerissen zu werden. Ich war ohne Kraft, schlaff, unsichtbar. Ich war tot. Nein, ich war noch am Leben – aber mitten in einem tobenden Ozean mit nichts als einem kleinen aufblasbaren Gummiboot, an das ich mich klammern konnte. Mein Gott, o mein Gott – ein Boot aus Luft!

Wieder schlug eine Welle über das Schlauchboot, und ich mußte mich mit aller Kraft an der Leine festhalten. Ich sah die andern mit der Wirbelströmung kämpfen. Als wir wieder in eine ruhige Schlucht zwischen den Wasserwänden hinabsanken, rief ich erneut nach Brad.

»Brad, sag doch was!« brüllte ich.

»Was?«

Ich hangelte mich Hand über Hand auf die andere Seite des Bootes hinüber. Ich wollte neben ihm sein.

»Was ist eigentlich passiert?« fragte ich.

»Wir sind regelrecht abgestürzt«, antwortete er, ohne mich anzusehen. »Wir sind von einer Welle heruntergefallen. Ich hab gesehen, wie es geschah. Wir fielen runter und sind dabei auf der Seite gelandet. Dann krachten die Fenster, und das Wasser schoß herein. Ich hab gesehen, wie es passierte.«

Ich spürte an der Strömung, wie sich eine neue Welle zusammenbraute, und das Schlauchboot begann wieder zu steigen. Dann gab es eine förmliche Explosion von Wasser, und das Boot wurde aus meiner Hand gerissen. Ich klatschte mit dem Rücken ins Wasser. Als ich endlich wieder an die Oberfläche gelangte, sah ich, wie das Schlauchboot an der Flanke der nächsten großen Welle klebte. Ich paddelte wie wild, paddelte mit aller Kraft, aber als ich fast dort war, wurde das Boot erneut emporgerissen und kam erst sechs Meter weiter wieder auf. Von den anderen war keiner zu sehen. Ich wollte nach Brad rufen, aber statt dessen bekam ich den Mund voll Salzwasser. Panik stieg in mir hoch. Hustend und betend schwamm ich hinter dem Boot her. In meinen Armen und Beinen begannen sich die Muskeln zu verkrampfen. Ich warf mich nach vorne auf unser Dingi zu und bekam die Bordleine mit den Fingerspitzen zu fassen. Eine neue Welle wollte mich fortpflücken, aber ich schloß die Faust um die Leine, und das Bötchen zerrte mich auf seinem wilden Ritt mit sich. Wieder schrie ich Brads Namen, dann rief ich nach Meg, John und Mark.

Ich hörte Meg meinen Namen rufen. Sie kam hinter dem Dingi hergeschwommen. Dann tauchten John, Mark und Brad auf und klammerten sich an der Seite fest. Wir hatten es alle geschafft.

»Laßt uns das Boot umdrehen«, sagte Mark. Es kostete ihn Mühe, sich verständlich zu machen. »Wir müssen reinklettern.«

An der dem Wind zugewandten Seite hoben Brad und ich das Dingi an. Die anderen drei hielten die Leine fest, und der Wind erledigte den Rest der Arbeit. Das Boot klatschte mit einem dröhnenden Schlag aufs Wasser. Wir halfen Meg beim Hineinklettern. Ihre Beine sahen aus, als hätte ein Tiger seine rasiermesserscharfen Krallen daran gewetzt. Brad sah mich erschrocken an. »Die Takelage«, sagte ich leise zu ihm, als wir uns ins Boot hievten. Die Luft war erheblich kälter als das Wasser, und ich begann heftig zu zittern.

Wir wurden erneut emporgehoben. Als sich die Welle brach, schlug das Schlauchboot um, und ich stürzte abermals in die Tiefe, wurde unter Wasser gedrückt und kämpfte um Luft. Als ich nach oben kam, stieß ich mit dem Kopf an den Boden des Dingi. Ich tauchte wieder ab und versuchte es von neuem, kam aber wieder unter dem Boot aus. Ich saß in der Falle! Mit berstenden Lungen krallte ich mich an den Gummiboden. Dann fühlte ich den machtvollen Druck einer Woge. Das Wasser trug mich nach oben und schleuderte mich nach vorn. Ich tauchte auf, mein Kopf war frei.

Meg rief meinen Namen. Ich drehte mich um und sah das Boot. Ich schwamm hinüber und packte die Leine, dann schloß ich die Augen und betete, betete, wie ich noch nie zuvor gebetet hatte. Es hob uns auf die windumtosten Gipfel, und dann sanken wir in die stillen Schluchten hinab. Immer wieder riß es mich vom Schlauchboot fort, und ich mußte schwimmen, um mein Leben schwimmen, schwimmen und beten, bis ich wieder an das feste Gummi greifen und meine Hand um die Rettungsleine legen konnte.

Minuten verrannen, vielleicht waren es fünf, vielleicht waren es fünfundvierzig. Ich zitterte unkontrolliert an allen Gliedern. Ich wollte, daß es aufhört – ich wollte, daß alles ein Ende hatte. Ich spürte, wie alle Wärme aus meinem Körper gesogen wurde und alle Kraft aus meinen Beinen schwand.

»Mir ist so beschissen kalt«, sagte Mark mit klappernden Zähnen, als sich das Boot in ein Wellental senkte.

»Mir auch«, sagte Meg.

»Wir müssen uns irgendwie aufwärmen«, meinte ich. »So hat es keinen Zweck.«

»Im Wasser sind wir besser dran«, pflichtete Brad bei.

»Ja, die Luft ist scheißkalt«, sagte Mark. »Wir müssen im Wasser bleiben.«

»Das Dingi schlägt sowieso andauernd um«, ergänzte Brad, während wir schon wieder nach oben in den Tumult der Wellen geschleudert wurden und das Schlauchboot kenterte.

»Ich möchte aber das Boot umdrehen«, sagte John. »Ich will wieder rein.«

»Ich gehe nicht mehr in das Dingi«, erwiderte Mark.

»John, es ist zu kalt«, meinte Brad. »Und wir können das Boot nicht aufrecht halten.«

»Ich will da rein«, wiederholte John.

Als ich fünfzehn war, hatte mich meine Mutter auf ein Mädcheninternat geschickt, in dem auch Kurse für Überlebenstraining durchgeführt wurden. Warum nur hatte ich damals nicht besser aufgepaßt! Was hatte man uns über Unterkühlung beigebracht? Eines wußte ich jedenfalls: Im Moment war unser größter Feind der Wind. Er raubte uns das bißchen Körperwärme, das uns noch verblieben war. Wir mußten uns irgendwie vor ihm schützen.

»Wir könnten uns vielleicht unter das Dingi verziehen«, dachte ich laut vor mich hin.

»Du meinst, wir sollten uns drunterhängen?« erkundigte sich Brad.

»Ich weiß es auch nicht. Vielleicht geht das.«

»Unten drunter?« fragte Meg.

»Wir müssen uns irgend etwas einfallen lassen«, sagte ich. Wir gerieten wieder auf einen Wellenkamm, und der Wind schüttelte uns gewaltig durch. Als es wieder möglich war zu sprechen, schlug Brad vor, daß wir es einmal versuchen sollten, unter das Boot zu kommen. Alle pflichteten ihm bei. Brad tauchte nach innen. »Ich glaube, das geht«, sagte er, als er wieder zu uns stieß. »Los, kommt alle mit.«

Wir tauchten mit den Köpfen unter und kamen innen wieder hoch. Ich packte die Leine und hielt mich wassertretend oben. Im seltsam rötlichen Licht unter dem Boot sahen unsere von der Anstrengung verzerrten Gesichter aus wie die Masken von Gespenstern. Ich konnte gerade eben die Einzelheiten des Gummibootes ausmachen: die Bodenplanken aus Aluminium, die schwarze, über den Bug gezogene Spritzdecke aus Gummi, ein dünnes Drahtseil zum Sichern eines Außenbordmotors. Ich hörte das Wasser gegen das Boot klatschen. Seltsam – die Wellen klangen, als seien sie kaum kräftiger als die Heckwelle eines schnellen Motorbootes. Hier unten herrschte tückischer Frieden, wie im Auge eines Hurrikans.

»Wie findest du's?« sagte ich zu Mark.

»Wenigstens sind wir nicht mehr im Wind.«

»Wo ist Meg denn hin?« wollte Mark wissen.

»Sie ist wieder raus. Sie hat Platzangst«, sagte John.

»Wir müssen sie wieder reinholen«, erklärte Brad.

Brad und John tauchten unter und schlüpften nach draußen. Mark und ich blieben allein zurück. Wir starrten uns an. Mein Gott, wie ich diesen Mann haßte! Ich haßte ihn, weil er zu schwach gewesen war, die Rettungsinsel zu halten. Ich haßte ihn, weil er an jenem Tag in Annapolis die Pier entlanggekommen und in mein Leben getreten war. Ich hätte ihm in diesem Moment am liebsten mit den Fingernägeln die Augen ausgekratzt. Ich wendete den Blick von ihm ab. Ein paar Augenblicke später tauchten Brad und John wieder auf. Ohne Meg.

»Debbie, versuch du mit ihr zu sprechen«, bat John. »Sie will einfach nicht hereinkommen.«

Ich tauchte nach draußen durch. Meg hing an der Seite des Bootes. Das lange schwarze Haar klebte in ihrem Gesicht, ihre Zähne schlugen laut aufeinander.

»Meg, du mußt mit runterkommen«, sagte ich. »Das wäre viel besser.«

»Ausgeschlossen.«

»Aber da ist es viel wärmer – und außerdem müssen wir aufeinander aufpassen.«

»Ich kriege da unten keine Luft. Ich bleibe hier draußen«, beharrte sie.

»Sie will nicht mit herein«, erklärte ich, als ich innen wieder auftauchte. »Sie sagt, daß sie hier unten keine Luft bekommt.«

Wir hingen schweigend im Boot und ritten über die wildbewegte See. Die Wellen klatschten gegen das Gummi.

»Glaubt ihr eigentlich, daß irgend jemand unseren Seenotruf gehört hat?« fragte Brad nach einiger Zeit.

»Da habe ich meine Zweifel«, sagte John.

»Aber die Küstenwache wußte doch, daß wir in Schwierigkeiten waren«, meinte Brad. »Wenn sie merken, daß wir uns um eins und um zwei nicht über Funk melden, dann werden sie doch begreifen, daß etwas schiefgegangen ist, meinst du nicht auch? Schließlich hatten wir doch extra diesen Zeitplan vereinbart, und . . .«

»Ich bin sicher, die sind schon unterwegs zu uns«, warf ich ein, beflügelt von der Vorstellung eines weißen Kutters der Küstenwache, der mit Höchstgeschwindigkeit schnurstracks auf uns zulief.

»Was denkst du, von hier ist es doch nicht besonders weit bis nach Charleston?« wollte Brad wissen.

»Ein paar Stunden, vielleicht drei bis vier, bei diesem Seegang«, sagte John.

»Dann müßten sie also wann hier sein – so gegen fünf?« sinnierte Brad.

Ich fragte Mark, wie spät es war. Er trug als einziger von uns eine Armbanduhr.

»Was hättest du schon davon, wenn du es wüßtest?« entgegnete er.

»Ich möchte es eben wissen, das ist alles. Nun sag schon!«

»Nein! Die Scheißuhr gehört mir, und dir muß ich schon gar nichts sagen ...«

»Warum mußt du nur immer so ekelhaft sein?«

»Leck mich doch!« zischte Mark.

»Sie will doch bloß wissen, wieviel Uhr es ist«, schaltete John sich ein.

»Ich habe einfach keine Lust, auf jede ihrer dämlichen Fragen zu antworten, klar? Wieviel Uhr ist es, wieviel Uhr ist es? Ich scheiß drauf, wieviel Uhr es ist, verdammt noch mal!«

»Es wird jedenfalls nicht mehr lange dauern, und die Küstenwache ist hier, und somit ist es letztlich egal, wieviel Uhr es ist«, versuchte Brad zu schlichten.

»Ja, in längstens ein paar Stunden sind sie hier«, stimmte John zu. »Die sind unterwegs.«

Ich wollte daran glauben, daß es so war. Mehr als alles andere *wollte* ich daran glauben. Ich hatte solche Angst und fror so erbärmlich. Meine Beine waren vom Wassertreten völlig verkrampft. Ich wußte, daß ich mit jedem zusätzlichen Kraftaufwand auch mehr Körperwärme verlor. Ich ließ die Beine baumeln und versuchte, mich allein mit der Kraft der Arme an der Leine festzuhalten. Es dauerte aber nicht lange, und meine Arme wurden schlapp. Ich mußte wieder anfangen zu strampeln.

»Glaubst du, es ist schwierig, uns in diesem Seegang zu finden?« wollte Brad wissen.

»Nein«, sagte John. »Das sind Profis. Die haben diese Scheiße schon eine millionmal durchprobiert.«

»Und wo wir sind, wissen sie auch.«

»Genau«, sagte John.

»Dann brauchen wir also bloß zu warten«, sagte Brad.

»Mann, ist das kalt«, jammerte Mark.

»Und ob!« entgegnete Brad.

Fest ans Boot geklammert, konzentrierte ich mich auf meine Atmung, aber je mehr ich mich bemühte, tief einzuatmen, desto stärker wurde das Gefühl, keine Luft zu bekommen.

»Ich glaube, der Sauerstoff hier drin ist verbraucht«, sagte ich. »Merkt ihr es auch?«

»Und wie«, meinte Brad.

»Wir müssen frische Luft hereinlassen.«

Ich hob das Schlauchboot auf meiner Seite etwas an. Es war die dem Wind zugewandte Seite. Das Boot flog augenblicklich in die Luft und kam erst knapp zehn Meter weiter wieder herunter. So schnell ich konnte, schwamm ich hinterher, um es einzufangen, bevor eine neue Welle es noch weiter fortreißen konnte. Nacheinander fanden sich auch die anderen wieder beim Dingi ein.

»Ihr Blödmänner!« brüllte Mark. »Ihr dürft das Boot doch verdammt noch mal nicht gegen den Wind anheben!«

»Heb es an der Leeseite«, sagte Brad.

»Und sag um Gottes willen vorher Bescheid«, schnatterte John mit klappernden Zähnen.

Alle, einschließlich Meg, tauchten wieder unter das Dingi. Wassertretend und vor Kälte zitternd, versuchte ich mich zu erinnern, wie lange es dauert, bis akute Unterkühlung einsetzt. Ich wußte, daß man noch lange glaubte, man wäre in Ordnung, in Wahrheit aber schon längst angefangen hatte abzubauen, ohne irgend etwas zu merken. Ich wußte auch, daß man sterben konnte, wenn die Körpertemperatur zu weit absank, selbst dann, wenn das Wasser so warm war wie hier. Ich spürte ja, wie kalt es mir jetzt schon war. Wenn uns nicht schleunigst etwas einfiel, um unsere Körpertemperatur zu halten, dann würde die Küstenwache nur noch Leichen einsammeln können.

»Wir müssen uns irgendwie etwas Wärme verschaffen«, sagte ich.

»Hast du ’nen Vorschlag?« fragte Mark.

»Es gibt hier so gut wie nichts, womit wir etwas anfangen könnten«, gab Brad zu bedenken.

»Wir müssen näher zusammenrücken. Das ist die einzige Möglichkeit, sich zu wärmen. So wie jetzt frieren wir uns zu Tode«, sagte ich.

Wir verstummten wieder. Ich überlegte fieberhaft, was wir tun könnten.

»O mein Gott, das darf doch nicht wahr sein«, empörte sich Brad. »Hat hier jemand gekackt? Hat hier unten jemand gekackt?«

Keiner sagte ein Wort.

»Das ist ja nicht zum Aushalten«, legte Brad wieder los. »So geht's nun wirklich nicht. Das ist ja ekelhaft. Wer war das?«

»Was soll ich denn machen?« sagte Meg zaghaft.

»*Du* warst das?«

»Ich wußte mir nicht mehr zu helfen.«

»Mein Gott, stinkt das! Ich kann es einfach nicht fassen.« Brad war außer sich.

Meg fing an zu weinen und tauchte ab nach draußen.

»Du hättest sie nicht so fertigzumachen brauchen«, sagte John.

»Ich habe einfach zuviel gekriegt.«

»Es geht ihr so schon schlecht genug«, erwiderte John.

»Hier drin wird nicht gekackt. Wenn's denn sein muß, dann bitte draußen!« beharrte Brad.

Wir waren alle verstummt. Meg tat mir leid. Aber meine Hauptsorge war immer noch, daß ich so jämmerlich fror. Wie sollten wir die nächsten Stunden überstehen?

»Wir müssen uns etwas einfallen lassen, um uns warm zu halten«, sagte ich. »Das ist das einzige, was jetzt zählt.«

»Vielleicht können wir uns irgendwie abstützen«, fügte ich nach ein paar Sekunden hinzu.

»Und wie?« wollte John wissen.

»Da ist doch dieses Drahtseil«, griff Brad meine Idee auf.

»Ja und?«

»Wenn wir es quer durch das Schlauchboot ziehen und irgendwo straff festmachen, könnten wir uns mit den Füßen darauf stützen. Dann könnten John und ich uns hier festhalten«, sagte Brad und nahm das Drahtseil in eine Hand, »und den Kopf könnten wir hier drauflegen ...« Er beugte sich zurück und legte den Kopf auf die Gummispritzdecke, die über den Bug gespannt war.

»Und wir könnten uns auf euch legen«, sagte ich. »Dann wären wir nicht mehr im Wasser.«

»Genau«, meinte Brad.

»Und außerdem wären wir dicht beieinander.«

»Laß es uns versuchen«, sagte John.

John und Brad spannten das Drahtseil quer übers Heck und hakten das freie Ende an der ums Boot laufenden Rettungsleine fest. Daraufhin nahmen sie die von Brad vorgeführte Stellung ein. Mit den Armen griffen sie jeweils unter dem Rücken des Nachbarn hindurch und hielten sich dann an der Rettungsleine fest. Auf diese Weise gelang es ihnen, sich aus dem Wasser zu halten. Nur ihr Rücken und die Rückseite der Beine kamen noch mit Wasser in Berührung.

»Deb, versuch jetzt mal, auf uns draufzuklettern«,

sagte Brad. Ich zog mich hoch und legte mich quer über Brad und John. Zwischen ihren Körpern und dem Boden des Schlauchbootes fand ich ausreichend Platz, und ich war nicht mehr im Wasser.

»Es klappt!« freute ich mich. »Es passen sogar noch mehr hinein.«

»Mark, probier mal, ob du auf mich klettern kannst«, sagte John. Mark krabbelte auf das Sandwich aus Menschenleibern, das wir gebildet hatten. Schon fühlte ich etwas mehr Wärme. Und zum erstenmal, seit unser Schiff gesunken war, konnte ich mich etwas ausruhen. Vereint riefen wir nach Meg und baten sie, wieder hereinzukommen. John rief ihr zu, daß wir eine Methode gefunden hatten, uns zu wärmen.

Schließlich kam sie hereingetaucht.

»Klettere obendrauf«, sagte John, »dann wird dir warm.«

»Ich kann nicht«, gab sie zurück. »Du weißt doch, daß ich das nicht kann.«

»Versuch's doch einfach«, redete John ihr ruhig zu. Meg arbeitete sich mit dem Oberkörper aus dem Wasser und legte sich quer über Mark und mich. Ihre Füße hingen aber immer noch im Nassen.

»Es geht nicht«, sagte sie und glitt wieder nach unten. Ob es der von den tiefen Schnitten in ihren Beinen verursachte Wundschmerz war oder ihr geprellter Rücken oder die Angst davor, sich in diese Enge quetschen zu müssen – der Klang ihrer Stimme ließ keinen Zweifel, daß dies ihr letztes Wort gewesen war. Sie verschwand wieder unter dem Wulst des Schlauchbootes.

Unser System funktionierte für eine Weile recht gut, aber dann wurde die Luft wieder unerträglich, und wir mußten neuen Sauerstoff hereinlassen. Wir hoben das Boot an, ließen es zurück aufs Wasser sinken und nahmen wieder unsere Positionen ein – ein Vorgang, den wir ungefähr alle zwanzig Minuten wiederholen mußten.

Nach einiger Zeit waren Brad und John zu erschöpft, um das vereinte Gewicht von Mark und mir tragen zu können. Ich versuchte mein Glück als Untermann dieses Menschenhaufens, aber ich war etwas zu klein dafür. Ich konnte mich nur dann aus dem Wasser halten, wenn ich das Drahtseil mit den Zehen umklammerte. Unter dem Gewicht meiner Gefährten aber schnitt das rauhe Drahtseil in meinen Fuß. Ich hielt nur kurze Zeit durch.

Bei jedem Anheben des Bootes war das Licht am Himmel spärlicher geworden. Schließlich herrschte völlige Dunkelheit. In der Nacht wuchsen unsere Angst und unsere Verlassenheit ins Unermeßliche. Wir wußten, daß es für die Rettungsschiffe jetzt so gut wie unmöglich geworden war, uns zu finden.

Jetzt kam es nicht mehr darauf an, nur die nächsten paar Minuten durchzuhalten. Jetzt galt es, die Zeit bis zum Sonnenaufgang zu überstehen. Erst am nächsten Tag durften wir wieder darauf hoffen, von einem Schiff gesichtet zu werden. Unter Umständen schickte man auch wieder ein Flugzeug, vielleicht sogar das gleiche, das schon einmal nach uns Ausschau gehalten hatte. Wann war das gewesen? Heute früh oder gestern? Ich konnte es nicht mehr sagen. Im Moment jedenfalls steckte ich in dieser kalten und finsteren Hölle, und erst am Morgen gab es wieder eine Chance, ihr zu entkommen – wenn wir gemeinsam durchhielten, wenn wir nicht verrückt wurden, wenn Mark die Schnauze hielt, wenn Meg endlich hereinkommen würde und sich an das hielt, was wir ihr sagten . . .

Arme Meg. Für Brad, John, Mark und mich war die grimmige Seite der See nichts Unvertrautes. Wir wußten, worauf wir uns eingelassen hatten, und waren in Kenntnis dessen aus freien Stücken hier herausgefahren. Aber Meg, sie hatte doch keine Ahnung! Für sie bedeutete Segeln soviel wie Parties am Kai zu feiern, sich auf angenehme Weise eine schöne braune Haut zuzulegen und Spaß zu haben. Sie gehörte hier draußen einfach nicht hin, und auch John wußte das sehr genau. Ich konnte es an seiner Stimme hören, wenn er mit ihr sprach. Diese Schuld nahm ihm keiner ab. Und er mußte auch damit klarkommen, daß letztlich er unsere Situation zu verantworten hatte. Nie wieder würde man ihm ein Segelboot anvertrauen. Kein Mensch gibt sein Schiff in die Hände eines Kapitäns, der schon einmal Schiffbruch erlitten hat.

Meg begann laut zu rufen – etwas von einem Schiff. Wir tauchten alle nach draußen durch. Als ich in der Finsternis wieder hochkam, schrie Meg: »Dort drüben, dort drüben! Dort drüben ist ein Licht!«

Das Schlauchboot erklomm einen Wellenberg, und da war es: ein weißer Lichtpunkt, der sich im Seegang hob und senkte.

»Was glaubst du, ist das die Küstenwache?« fragte Brad.

»Sieht aus wie ein Scheinwerfer«, sagte ich und versuchte, das Licht nicht aus den Augen zu verlieren, während wir in ein Wellental heruntersanken.

»Wo ist es geblieben?« drängte Meg.

»Dort«, rief John, »ich kann es da drüben sehen!«

»Ich auch«, bekräftigte ich.

War das die Küstenwache oder die »Exxon Huntington« oder die »Gypsum King«? Oder war es ein Fischerboot, das sich durch den Sturm kämpfte? Egal – es war ein Schiff!

»Sie suchen uns«, sagte Brad.

»Aber sehen werden sie uns nicht«, brummte Mark.

»Sie werden uns bestimmt sehen«, meinte Meg zaghaft.

Wieder verschwanden wir in einer Wasserschlucht.

»Verdammt noch mal!« sagte John.

»Wart's nur ab!« beschwichtigte ihn Brad.

Als wir wieder hochkamen, war auch das Licht wieder da. Die anderen jubelten, aber meine Euphorie war schon erloschen. Man brauchte sich nur klarzumachen, wie unsere Situation in Wirklichkeit aussah. Wenn das Licht zu einem Küstenwachschiff gehörte, dann hatte man das Suchgebiet vermutlich in Planquadrate eingeteilt. Ich war sicher, daß man in der

Dunkelheit dicht an uns vorbeifahren, uns sogar überfahren konnte, ohne etwas von uns zu bemerken. Und war man erst einmal an uns vorbei, dann wurde unser Standort im Suchgebiet auch schon abgehakt.

Wir beobachteten schweigend, wie der Lichtpunkt mit jeder Welle auftauchte und wieder verschwand. Er wurde schwächer und schwächer und erlosch schließlich ganz – und unser kurzer Jubel ebenfalls. Die Nacht kam uns jetzt noch schwärzer vor, die See noch wilder und der Wind noch kälter. Wir verschwanden wieder alle vier unter dem Dingi. Meg blieb draußen.

»Laßt uns wieder unsere Pyramide bauen«, sagte ich.

»Scheiß drauf«, entgegnete John. Die Resignation in seiner Stimme war unüberhörbar.

»John, wir müssen aber«, gab ich zurück. »Das ist die einzige Möglichkeit, um warm zu bleiben.«

»Warm *bleiben*? Wem ist hier schon warm? Ich friere mir meinen verfluchten Arsch ab!«

»Wir haben keine andere Wahl«, beharrte ich. »Brad, sag John, daß es sein muß.«

»Laß ihn in Ruhe«, giftete Mark mich an. »Wenn er nicht will, dann will er eben nicht!«

Brad, Mark und ich gingen wieder in Position. Zu dritt war es nicht so warm wie zu viert.

»Mir ist so beschissen kalt«, jammerte Mark.

»Uns allen ist kalt«, sagte ich.

»Hört auf, darüber zu reden«, fuhr Brad dazwischen.

»Und worüber soll ich deiner Meinung nach reden?« wollte Mark wissen.

»Warum hältst du nicht einfach das Maul!« Was hatte ich die Nase voll von diesem Kerl!

»Tritt mich nicht!« beschwerte er sich.

»Niemand tritt dich.«

»Natürlich trittst du mich!«

»Mark, ich habe dir nicht das Geringste getan.«

So ging es minutenlang hin und her, und aus den Minuten wurden Stunden. Ich war so entsetzlich müde. Ich wollte schlafen, aber ich hatte Angst, nie wieder aufzuwachen, falls ich es zuließ, daß ich eindöste.

Wir verfielen in lange Perioden von furchtbarem Schweigen. Dann sagte wieder einer »Sie werden uns finden«, oder »Die von der Küstenwache sind gut«, oder »Höchstens noch ein paar Stunden«, und ich fühlte mich wieder ein bißchen besser. Wir sprachen über das, was wir tun würden, sobald wir zu Hause waren. Und wieder und wieder versuchten wir, uns in Erinnerung zu rufen, was alles kurz vor dem Untergang der »Trashman« geschehen war.

Dann trat erneut Stille ein, und die einzigen Geräusche, die man hörte, waren das Klappern unserer Zähne und das hohle Klatschen des Wassers gegen die feste Gummiwandung. Immer von neuem bildeten wir unsere Körperpyramide, mal mit John, mal ohne ihn. Dabei fiel es mir zunehmend schwerer, mich aus dem Wasser nach oben zu ziehen.

Schlaf war eine süße Versuchung wie Sirenengesang. Er neckte mich, versprach Erlösung. Aber ich durfte nicht nachgeben. Und ich hielt durch! Alle hielten durch. Irgendwann in der Nacht ging John nach draußen, um nach Meg zu sehen. Als er wieder hereinkam, klagte er über Schmerzen.

»Ich habe hier so ein enges Gefühl«, sagte er und preßte die Hand gegen die Brust.

»Komm herauf zu uns. Dann geht's dir gleich besser«, ermunterte ihn Mark.

Ich glitt von Brad herunter und ließ John hinaufklettern. Dann beschloß ich, draußen nach Meg zu schauen.

Die heraufziehende Morgendämmerung malte hellgraue Tupfen an den Himmel. Der Wind schien etwas abgeflaut zu haben, aber der Seegang war immer noch gewaltig und vollkommen unberechenbar. Die Wellen stürzten aus allen Richtungen auf uns ein.

»Es wird bald hell werden«, sagte ich.

»Macht das einen Unterschied?«

»Aber sicher! Dann wird man uns sehen können.«

»Glaubst du denn, sie kommen?«

»Mit absoluter Sicherheit!«

Brads Kopf stieß durch die Wasseroberfläche. »Ich glaube, John hat einen Herzanfall!« rief er.

»Oh, mein Gott«, stieß Meg hervor.

»Wahrscheinlich atmet er nur zu hektisch«, sagte ich. »Holt ihn nach draußen – er braucht bestimmt Luft.«

»Er hat doch einen Herzfehler!« sagte Meg. »O Gott, er wird sterben!«

»Er wird nicht sterben, Meg. Er braucht bloß frische Luft.«

»Komm, sprich mit ihm«, sagte Brad.

Ich tauchte nach innen. Meg und Brad kamen hinterher. John hing mit einer Hand an der Rettungsleine. Sein Gesicht war verzerrt.

»Wo tut's dir weh?« fragte ich ihn.

»Ich würde gern das Boot umdrehen und mich hineinlegen«, sagte er mühsam. »Ich kann einfach nicht mehr länger wassertreten. Die Schmerzen sind furchtbar.«

»Aber John –«

»Paß mal auf!« keifte Mark. »Der Mann ist der Skipper, und er will sich ins Boot legen – also wird sich ins Boot gelegt!«

Meg war in Tränen aufgelöst. »Wir müssen doch etwas tun! Wir können ihn doch nicht sterben lassen!«

»Meg, er wird nicht sterben«, sagte Mark. »John, es wird dir gleich wieder besser gehen. Wir drehen jetzt das Boot um, und du legst dich hinein, und du wirst sehen, gleich wirst du dich besser fühlen.«

»Was denkst du, Brad? Glaubst du, wir können verhindern, daß es wieder umkippt?« fragte ich.

Brad zuckte die Schultern.

»Also los, macht voran. John will es so«, drängte Mark.

»Die See ist noch sehr rauh«, gab ich zu bedenken. »Ich weiß nicht, ob wir das schaffen.«

»Wir machen es trotzdem«, gab Mark zurück.

Brad und ich ließen es auf einen Versuch ankommen. Mit vereinten Kräften drehten wir das Schlauchboot um. Brad kletterte als erster hinein. Mark, Meg und ich stützten John von unten, während Brad ihn nach oben zog. Mit einiger Anstrengung bekamen wir ihn ins Boot und legten ihn auf die Bodenplanken. Dann schoben Mark und ich Meg hoch, während Brad das Dingi stabilisierte. Als wir Megs Beine sahen, verzogen wir alle unwillkürlich das Gesicht. Ihre klaffenden Wunden waren glasig und entzündet.

Mark warf sich ins Dingi und ließ mich allein im Wasser zurück. Ich zögerte, selbst auch hineinzuklettern – die Luft war wesentlich kühler als das Wasser. Das war aber nicht der einzige Grund. Ich hatte das Gefühl, mit dem Ozean irgendwie zu verschmelzen, ein Teil von ihm geworden zu sein. Hier draußen fühlte ich mich geborgen, fast wie in einer Fruchtblase. Ich ließ die Beine treiben, und meine Gedanken begannen zu wandern. Vielleicht würde die Sonne heute vormittag durch die tiefe Wolkendecke brechen ... vielleicht durften wir auf unserer von der Nässe schrumpelig gewordenen Haut ihre Wärme spüren ... vielleicht beruhigte sich die See, und wir wurden von der Küstenwache entdeckt ... vielleicht lag ich heute abend schon in einem warmen Bett ... nachdem ich zuvor ausgiebig heiß geduscht hatte!

»Scheißkalt ist das hier draußen«, meckerte Mark. »Laßt uns das Ding wieder umdrehen.«

Eine riesige Welle rollte brüllend über das

Schlauchboot hinweg und verschluckte seine Worte. Ich schrie auf, und Brad konnte gerade noch an der Luvseite ins Wasser springen, als die Sturzsee über uns hereinbrach. Ich hatte die Rettungsleine gepackt und hing immer noch daran, als die Welle das Boot wieder freigab. Es stand zwar voll Wasser, aber erstaunlicherweise war es nicht gekentert. Mit seiner Kraft und seinem Gewicht hatte Brad es geschafft, das Boot aufrecht zu halten.

»Nun los, laßt uns das Ding wieder kieloben drehen«, drängelte Mark. »Vorher war es viel besser. Wir frieren uns ja zu Tode.«

»Hör mal zu, Mann, wenn es dir im Wasser soviel besser gefällt, dann bedien dich«, sagte John. »Da draußen wartet ein ganzer Ozean auf dich.«

Mark sprang zurück ins Wasser und hielt sich an der mir genau gegenüberliegenden Seite am Boot fest. Ich war inzwischen soweit, daß ich ins Boot klettern wollte, und bereitete mich innerlich auf den Kälteschock vor, der mich erwartete.

»Du sollst mich nicht treten!« beschwerte sich Mark.

»Ich berühre dich ja überhaupt nicht.«

»Jetzt hast du es schon wieder gemacht. Laß das sein!«

»Wovon redest du überhaupt? Ich trete dich nicht!«

»Laß es sein!«

Ich steckte meinen Kopf ins Wasser, um zu sehen, wo seine Beine waren. Ich glaubte zwar nicht, daß ich ihm tatsächlich ins Gehege gekommen war, aber ich wollte auf gar keinen Fall, daß er sich noch mehr aufregte. Wer wußte schon, was ihm als nächstes einfiel.

Ich öffnete die Augen. Das Salzwasser brannte. Ich wartete, bis ich etwas erkennen konnte. Als es soweit war, krampfte sich mein Magen zusammen. Wie ein eiskaltes Schwert fuhr die Angst durch meinen Körper. Was ich sah war unglaublich. Ich wollte es einfach nicht glauben. Jetzt begriff ich, woher die Stöße gegen Marks Beine gekommen waren. Haie! Überall waren Haie. Dutzende von Haien – nein, Hunderte, soweit das Auge reichte. Manche waren so nah, daß ich das Häutchen über ihren leblosen, milchigen Augen erkennen konnte. Andere schraubten sich wie gezackte Schatten gemächlich in die Tiefe.

»Haie!« schrie ich und warf mich ins Schlauchboot. Ich fiel auf John. Sekundenbruchteile später landete Mark auf mir.

»Verdammte Scheiße«, kreischte er, »hier wimmelt es ja von Haien!«

KAPITEL 6

Überall um uns herum stießen Haifischflossen durch die Wasseroberfläche. Für jeden Hai, der wegtauchte, schienen zwei andere nach oben zu kommen. Ich konnte nicht glauben, daß ich soeben noch – wie lange war es? – achtzehn Stunden mit baumelnden Beinen in diesem Wasser gehangen hatte, von Megs offenen Wunden ganz zu schweigen ... Wenn die Haie schon die ganze Zeit über da waren, warum hatten sie nicht angegriffen? Und wenn sie nicht dagewesen waren, weshalb waren sie so plötzlich erschienen – und in so großer Zahl? Was zog sie auf einmal so an?

Wir beobachteten, wie die Haie uns umkreisten. Unsere Glieder schlotterten derart stark, daß das

Schlauchboot bebte. Eine Welle packte das Boot und hob uns hoch. Wir verlagerten sofort unser Gewicht, bis sich das Boot wieder in einer stabilen Lage befand. Unser Leben hing davon ab, daß wir das Dingi gut ausbalancierten. Es war nicht auszudenken, was passieren würde, wenn wir jetzt kenterten.

»Wir müssen uns unbedingt etwas einfallen lassen, um das Boot zu stabilisieren«, sagte ich.

»Wenn wir so etwas wie einen Treibanker hätten . . .«, meinte Brad. Aber was hatten wir schon? Fünf Körper, ein paar Fetzen am Leib und ein nacktes Boot!

»Wie wär's mit einer von diesen Bodenplanken? Vielleicht kriegen wir eine davon heraus . . .«, sagte ich, während ich die drei Aluminiumplanken betrachtete, die den Boden des Schlauchboots bildeten. Darüber hinaus gab es ein kleines Holzbrett im Bug des Bootes, das als Verschluß für den dahinter vorgesehenen Stauraum diente. Ich griff in diese Bugtasche, und es gelang mir, das ganze Brett herauszulösen.

»Gut gemacht«, lobte Brad.

Brad und ich besprachen, was zu tun war. Wenn wir unser Drahtseil durch die Bohrung des Bretts führten und das Brett hinter uns herschleppten, würde unser Gefährt vielleicht etwas an Stabilität gewinnen – und nicht so weit aus dem Gebiet abdriften, in dem die Küstenwache vermutlich nach uns suchte. Brad befestigte das Brett am Drahtseil und warf es über Bord. Ich wartete gespannt auf die nächste Welle, um zu sehen, ob es funktionierte. Aber –

rumms! – mit einem Ruck wurde das Dingi nach hinten gezerrt, und wir lagen kreuz und quer übereinander auf dem Boden. Man sah die Rückenflossen eines gewaltigen Hais von uns wegzischen, und unser Dingi sauste hinterher. Wie eine Makrele den Köder, so hatte sich der Hai unser Brett geschnappt! Ich wollte schreien, aber da hörte die wilde Schleppfahrt schon auf, und die Rückenflosse zog weiter. Der Hai hatte das Brett ausgespien und trollte sich.

Wir hechteten alle gleichzeitig nach der Schleppleine und brachten das Dingi in unserer Panik fast zum Kentern. Mark bekam die Leine zu fassen und zog sie ein, so schnell er konnte. Wie ein feindliches U-Boot tauchte der große Hai aus den blauschwarzen Tiefen dicht neben uns an Backbord wieder auf. Das Biest war länger als unser Schlauchboot.

»Hau ab, du Scheißkerl«, schrie Mark und schwang weit ausholend das Brett wie einen Vorschlaghammer hoch über seinen Kopf, um es dann auf dem Rücken des Hais niedersausen zu lassen.

»Hör auf!« schrien Meg und ich gleichzeitig.

»Spinnst du?« fuhr Brad ihn an und riß ihm das Brett aus den Händen.

»Du Idiot!« schimpfte ich.

»Laß das Biest in Ruhe«, sagte John.

»Wenn wir die Viecher in Ruhe lassen, dann lassen sie vielleicht auch uns in Ruhe – wie Bienen, weißt du?« meinte Meg.

Aber sicher, Meg, wie Bienen, hätte ich am liebsten gesagt. Bienen und Haie! Mein Gott, wir fingen schon an zu spinnen. Ich schaute von einem blaulippigen, blassen, mitgenommenen Gesicht zum anderen – ich selbst sah gewiß auch nicht besser aus. Ich schloß die Augen und versuchte Abstand zu bekommen von diesen Totenmasken, von den Haien, von allem.

Ich kannte ein paar Segler, die aus Seenot gerettet worden waren. Niemals hätte ich mir träumen lassen, daß *mir* so etwas zustoßen könnte. Schlimme Sachen passierten immer nur den anderen – Leuten, die sich nicht auskannten, Leuten, die einfach Pech hatten. Die Schiffe, auf denen ich bisher gewesen war, hatten immer eine besondere, eine vertrauenerweckende Ausstrahlung gehabt. Auf ihnen hatte mich das Gefühl, daß alles gutgehen würde, nie verlassen, auch wenn die Sache manchmal ziemlich auf der Kippe gestanden hatte.

Mit diesem Schiff war es jedoch anders gewesen. Ich ließ die Ereignisse noch einmal im Geiste Revue passieren. Vom ersten Augenblick an, als John und ich in Southwest Harbor aufgebrochen waren, hatte ich ein schlechtes Gefühl gehabt. Warum hatte ich nicht auf meine innere Stimme gehört? An schlechten Vorzeichen hatte es nicht gefehlt – das Auftauchen von Meg, die unzuverlässige Maschine, das ganze Theater mit Mark . . . Aber hatte ich denn nicht versucht auszusteigen? O Gott, hätte ich mich nur gegenüber Newberger besser behauptet. Ich hätte meinen Kram zusammenpacken und gehen können. Und jetzt waren wir hier, mit unseren Beinen ineinander verkeilt, und unser Leben baumelte an einem dünnen Faden ... Brad und ich kauerten am Bug, John und Meg im Heck, dazwischen Mark ... auf einem Gummiboot mitten im tobenden Ozean!

»Pinne – Panne, fünf Mann in einer Wanne«, dachte ich laut vor mich hin.

»Was hast du gesagt?« erkundigte sich Brad und sah mich an, als wäre ich eine Verrückte. Ich hielt die Hand über Bord und fühlte die Wärme des Wassers. Ich könnte doch einen Augenblick über Bord klettern und überall diese Wärme spüren. Dann fielen mir die Haie wieder ein. Ich zog schleunigst die Hand zurück und legte sie wieder in meinen Schoß.

»Brad, was denkst du: Wie lange dauert es, bis einen die Haie angreifen?«

»Warum?«

»Ich dachte mir gerade, wie schön es wäre, zum Aufwärmen ein bißchen ins Wasser zu gehen, nur ganz kurz, für ein paar Augenblicke.«

»Du bist wohl nicht ganz bei Trost.«

»Nein, im Ernst.«

»Laß sie doch gehen«, sagte Mark. »Dann haben wir mehr Platz.«

»Geht's dir gut?« Brads Tonfall machte mir angst. Vielleicht griff die Kälte schon mit ihren gichtigen Fingern nach meinem Gehirn.

»Mir ist so kalt«, klagte Meg und schlang die Arme um die Knie.

Ein grauer Vogel schwebte über uns in der böigen Luft. Er senkte einen Flügel und wirbelte herum, um dann im Sturzflug zu uns herunterzustoßen. Zu unserer maßlosen Überraschung landete er direkt neben Meg auf dem Wulst des Schlauchbootes.

»Teufel auch«, stieß Mark hervor.

Der Vogel glotzte uns an, und wir glotzten zurück. Das ist doch etwas Eßbares, schoß es mir durch den Kopf. Aber bevor ich darüber nachdenken konnte, wie man ihn fangen könnte, neigte der Vogel plötzlich den Kopf zur Seite, trippelte ein paar Schrittchen mit seinen knotigen Schwimmfüßen und hieb mit dem Schnabel nach Megs Gesicht.

»Oh, mein Gott«, schrie Meg und barg den Kopf in den Armen. John scheuchte den Vogel fort.

»Bist du in Ordnung?« fragte ich Meg.

»Blutet es?« wollte sie wissen und nahm die Hand von der Wange.

»Nein«, beruhigte sie John.

»Scheißvogel«, sagte Mark. »Ich glaub', ich spinne!«

»Der hat uns für Vogelfutter gehalten«, meinte Brad.

Und genau das sind wir auch bald, dachte ich im stillen, wenn wir nicht schleunigst eine Möglichkeit finden, uns warm zu halten. Wir mußten uns mit irgend etwas zudecken. Wir mußten uns unsere Körperwärme – oder was davon noch übrig war – unter allen Umständen bewahren. Vielleicht ... vielleicht sollten wir Wasser ins Boot schöpfen. Vielleicht würde uns das warm halten.

»Und womit sollen wir es denn hereinschöpfen?« meinte Mark auf meinen Vorschlag.

»Wir müssen es mit den Händen versuchen«, sagte ich.

»Na glänzend«, sagte er sarkastisch.

»Es ist allemal den Versuch wert. John, glaubst du nicht auch?« ließ sich Meg vernehmen.

Wir versuchten wie besessen, Wasser ins Boot zu spritzen, aber nach ein paar anstrengenden Minuten war klar, daß es vergebliche Liebesmüh war. Wir hatten lediglich ein weiteres Dutzend Haie auf uns aufmerksam gemacht und näher ans Boot herangelockt. Einer der Burschen rieb sich sogar an unserem Dingi. Ich spürte, wie das Gummi vibrierend an seiner rauhen Haut entlangscheuerte.

Brad hatte eine andere Idee. Er meinte, man könnte vielleicht das Ablaufventil öffnen und auf diesem Wege Wasser ins Boot lassen.

»Ich dachte immer, daß es nur andersherum funktioniert«, wandte ich ein.

»Ich weiß schon, aber es müßte doch möglich sein, dafür zu sorgen, daß das Ventil ein paar Minuten offenbleibt.«

»Und was ist, wenn wir es nicht mehr dicht bekommen?« gab Mark zu bedenken.

Brad würdigte ihn keiner Antwort. Er krabbelte über unsere Beine zum Ventil und machte sich an die Arbeit. Das Ventil rührte sich nicht. John löste ihn ab, dann versuchte es wieder Brad. Sein Gesicht lief rot an, während er mit aller Kraft an dem Stöpselmechanismus zog.

»Scheißding!« fluchte er und fiel rückwärts. »Der verdammte Griff ist abgerissen!« Jetzt konnten wir das Ventil überhaupt nicht mehr betätigen.

»Vielleicht können wir die Alubodenplanken losbekommen und uns irgendwie einen Schutz daraus bauen«, sagte ich. »Vielleicht können wir damit sogar Signale geben.«

Nach allem, was wir wußten, hatte jedes Schlauchboot in der Mitte seines Bodens eine Luftkammer, die eine Art Kiel bildete. Vermutlich war es die Spannung dieser Luftkammer, durch die die Bodenplanken an ihrem Platz festgeklemmt wurden. Da wir das Brett im Bug entfernt hatten, lag der vordere Teil dieser Luftkammer frei.

»Wenn wir die Luft aus der Kammer ablassen, dann müßten wir auch die Planken herauskriegen«, sagte ich, und die anderen nickten zustimmend. Aber wie sollten wir ein Loch in die Luftkammer bekommen? Das einzig Scharfe, das uns zur Verfügung stand, waren unsere Zähne. Brad und ich begannen abwechselnd, auf dem Gummi herumzubeißen. Das Gummi war hart und zäh, und nur unter größten Schwierigkeiten gelang es mir, ein winziges Stückchen davon zwischen die Zähne zu bekommen. Wie Hunde nagten wir darauf herum. Es wollte mir kaum gelingen, das Klappern meiner Zähne unter Kontrolle zu halten, aber ich fand heraus, daß ich das Gummi zwischen den Zähnen hin und her schieben konnte, wenn ich nur fest genug zubiß. Nach und nach gelang es Brad und mir, eine kleine Vertiefung hineinzunagen, und schließlich waren wir durch, aber aus dem winzigen Loch zischte nur ein schwacher Luftstrom. Mittlerweile hatten wir allerdings festgestellt, daß die Bodenplanken ohnehin vor allem durch die Seitenwülste des Schlauchbootes fixiert wurden und weniger durch die Luftkammer im Boden. Die Planken waren nicht zu bewegen, solange das Boot noch schwamm.

»Die Rettungsinsel«, schrie Mark und deutete nach vorne. Ich sah nichts außer Himmel und Wellen.

»Wo?«

»Los, paddeln!«

»Wo denn?«

»Paddeln!« wiederholte Mark ungeduldig.

»Ja, ich glaube, ich kann sie erkennen«, sagte John, der vornübergebeugt dasaß. Er lehnte sich über den Seitenwulst und begann wie wild mit einem Arm im Wasser zu rudern.

»Ich sehe nichts«, meinte Brad.

»Sie ist da drüben«, gab Mark zurück.

Ich wünschte mir verzweifelt, daß er recht hatte. Ich suchte den unregelmäßigen Horizont ab, während wir über die Wogen ritten. Ungefähr zehn Minuten lang paddelten wir hinter dem Phantom einer Rettungsinsel her, ohne sie ein einziges Mal zu Gesicht zu bekommen und ohne überhaupt irgendwohin zu gelangen.

Brad und ich gaben auf. John und Mark hielten noch ein paar Minuten an ihrer Überzeugung fest, etwas gesehen zu haben, und paddelten weiter. Die Anstrengung hatte mich meine letzte Kraft gekostet. Weinend sank ich gegen den Bug. Soviel Energie verpulvert, und nichts erreicht! Die Verzweiflung schlug über mir zusammen. Wir würden das Eintreffen der Küstenwache nicht mehr erleben. Vermutlich würde man morgen oder übermorgen unser Schlauchboot finden, aber wir waren schon alle tot.

Ich starrte ins Wasser. Trieb da nicht etwas knapp vor unserem Bug? Es kam näher heran, und ich konnte einen Klumpen Beerentang ausmachen, was meine Vermutung bestätigte, daß wir uns im Golfstrom befanden. Und dann hatte ich eine Idee, wie wir uns wärmen konnten.

»Seetang«, rief ich. »Wir müssen uns mit Seetang zudecken!« Ich reckte mich nach einer Handvoll Tang aus dem Boot. Knapp sechs Meter entfernt durchschnitten ein paar Rückenflossen die Wasseroberfläche.

»Und beim Einsammeln lassen wir uns die Arme abbeißen«, kommentierte John.

»Nicht, wenn jemand die Haie verscheucht, solange ich mit dem Einsammeln beschäftigt bin«, gab ich zurück.

»Ich will diese schleimige Scheiße nicht auf meinem Körper haben«, sagte Mark.

»Prima. Dann frier dich eben zu Tode«, sagte ich.

»Müßt ihr zwei euch denn ewig zanken?« unterbrach uns Meg. »Ich kann es einfach nicht mehr hören!«

Brad wollte mir helfen. Er machte sich bereit, die Haie zu verscheuchen, während ich mich ins Wasser beugte. Ich packte ein Bündel Tang. Eine Welle von Freude und Optimismus durchströmte mich, während ich es an Bord zog. Das konnte tatsächlich die Lösung sein. Ich paddelte ein kleines Stückchen weiter, um zum nächsten Tangknäuel zu gelangen, und zog es ebenfalls herein. Zugleich mit jedem Klumpen Tang holte ich einen Haufen Unrat an Bord – Styroporfetzen, Plastikmüll, sogar ein Stückchen Tauwerk aus Polypropylen –, menschliche Produkte, die von der See gebleicht und zerkleinert worden waren. Ich hätte gern gewußt, wo das Zeug herkam und wie weit es schon gereist war. Was war aus den Leuten geworden, die aus dieser zerbrochenen Styroportasse Kaffee getrunken oder dieses Tauende um einen Haken gewickelt hatten?

Ich bat John und Mark noch einmal, mir beim Tangsammeln zu helfen. John beugte sich über die Seitenwand und holte einen Klumpen herein. Mark meuterte. »Ihr könnt das Zeug ja einsammeln. Schließlich war es eure bescheuerte Idee.«

»Bist du eigentlich überhaupt daran interessiert, hier lebend herauszukommen, oder willst du nur herumsitzen und meckern?« brüllte ich ihn an.

Meg zuckte zusammen.

»Debbie, laß gut sein«, schaltete Brad sich ein. »Laß ihn. Er hat eben keine Lust dazu.«

Als wir schließlich einen großen Haufen des senffarbenen Tangs eingesammelt hatten, deckte ich die Beine, den Oberkörper und, so gut es ging, auch meine Arme damit zu. Der Tang war dick und fleischig, und ich hatte den Eindruck, daß er eine brauchbare Isolationsschicht abgab. Meg, John und selbst

Mark taten es mir nach. Brad jedoch blieb auf der Seite des Bootes sitzen und schien völlig in die Aufgabe versunken, das Boot auszubalancieren. Auf einmal warf er den Kopf in den Nacken. »Gott, du kannst mich mal«, rief er. »Leck mich doch, du Hurengott!«

»Yeah, leck mich doch, du Arschloch!« stimmte Mark ein.

Nein! Sie meinen es nicht so, lieber Gott, hör nicht auf sie. Ich betete darum, daß er sie nicht gehört hatte oder, wenn er sie gehört hatte, daß er in seiner Güte begreifen möge: Sie hatten es nicht so gemeint! Wenn wir je darauf angewiesen waren, daß Gott uns zur Seite stand, dann war es jetzt! Meine Vorstellung von Gott war immer vage und kindlich gewesen, aber jetzt sprach ich mit ihm von Angesicht zu Angesicht und lauschte auf seine Antwort. Ich mußte einfach daran glauben, daß er dort oben wohnte, jenseits des kahlen Himmels. Er sah uns, er hatte einen Plan, einen Grund, warum er uns in diesem Alptraum gestoßen hatte, und das war die Wahrheit. Von diesem Glauben durfte ich einfach nicht abgehen.

Ist dies eine Prüfung? klang es in meinem Inneren. Ist es ein Ruf, um mich aufzurütteln? Na gut, ich hab' ihn gehört! Lieber Gott, jetzt laß mich aber bitte nicht hängen. Ich hab' so manches verbockt, gar keine Frage, aber zum Sterben ist es mir noch entschieden zu früh! Was auch immer ich auf dem Kerbholz haben mag, ich kann nicht glauben, daß du mich deshalb so hart bestrafen willst.

Ich stellte mir vor, wie meine Mutter den Anruf mit

der Nachricht von meinem Tod bekam und wie sie wohl darauf reagieren würde. Sie wäre vermutlich am Boden zerstört, wenn ich nicht mehr da war – wem hätte sie dann die Schuld für all das aufbürden können, was in ihrem Leben schiefgelaufen war? Nein, Debbie, das war nicht fair. So darfst du nicht denken. Lieber Gott, es tut mir leid. Sieh mal, ich will ja gar nicht mit dir feilschen. Aber wenn du mir hilfst, das hier durchzustehen, dann werde ich mir in Zukunft Mühe geben, es besser zu machen. Ich werde versuchen, mich zu ändern. Ist das der Grund, weshalb du mir das antust? Damit ich mein Leben ändere? Ich werde es ändern, ganz bestimmt. Auf alle Fälle werde ich es versuchen. Ich will nicht sterben! Aber ich habe solche Angst, jetzt etwas zu versprechen, das ich nicht halten kann. Ich bin ja so müde, so müde ...

Sand in meinem Mund. Ich hebe den Kopf und öffne die Augen. Bleierner Himmel, wilde See, eiskalter Wind. Neben mir der Körper einer Frau. Sie bewegt sich. Tilly! Tilly, von damals, in Annapolis!

»Tilly, wa ...« Meine Stimme klingt unvertraut und gedämpft. Haben sich meine Lippen überhaupt bewegt?

»Wie kommst denn du hierher?« sagt sie.

»Ich weiß nicht.«

»Mein Schiff ist gesunken. Ich kam nicht in die Rettungsinsel. Wahrscheinlich bin ich hier angespült worden. Ist dir nicht das gleiche passiert?«

»Ich weiß nicht«, antwortete ich. »Wo sind die anderen? Wo ist Brad?«

»Debbie, hier ist niemand.«

»Wir müssen Hilfe holen. Ich glaube, sie sind immer noch da draußen.«

In einiger Entfernung sehe ich graue, schindelgedeckte Häuser auf Stelzen. Die Türen und Fenster sind für den Winter mit Brettern vernagelt. Ein Haus steht vereinzelt auf einem Hügel. Rauch steigt aus dem Schornstein.

»Dort werden wir jemanden finden.« Ich zeige auf das Haus.

»Ich kann nicht auf diesen Hügel klettern«, entgegnet Tilly und fängt an zu weinen. »Wir schaffen es nicht . . .«

Wir sind vor dem Haus. Ich schirme die Augen mit den Händen ab und spähe durch eine Glasschiebetür. Auf dem Tisch eine dampfende Teetasse. Getrocknete Hortensien in einer japanischen Vase.

»Nun macht schon auf!« Ich poche mit der Faust ans Glas. »Aufmachen!«

Eine Frau kommt. Entsetzen kriecht in ihr Gesicht. Sie hebt die Hand zum Mund und schreit, einen dünnen, blechernen Schrei.

Tilly und ich prallen zurück. In der Spiegelung des Glases erkennen nun auch wir, was die Frau gesehen hat: An Gesicht, Armen und Beinen, überall sind wir mit Geschwüren bedeckt, eiternd und nässend. Niemand möchte in unsere Nähe kommen. Ich höre meinen Klageschrei . . .

»Debbie, Debbie! Wach auf! Los, wach auf!« Es war Brad, der mich rüttelte. Der Nebel verflüchtigte sich, und meine Zähne begannen so heftig zu klappern, daß sich meine Kiefermuskulatur verkrampfte. »Bist du in Ordnung?«

Ich roch den feuchten Tang und das faulige Wasser in unserem Dingi und wußte wieder, wo ich war. Es gab keine Tilly, keinen Strand und kein Haus, keine dampfende Teetasse. Ich fühlte, wie mich etwas in den Fuß zwickte, dann zwickte es an der Schulter und in den Kniekehlen.

»Mist, da knabbert etwas an mir«, stieß ich hervor. »Wie kleine Krebse. Piesacken sie dich auch?«

Ich griff nach einer Handvoll Tang, um ihn genau zu untersuchen. Ich war ganz verwirrt von der Lebensfülle, die sich da vor mir entfaltete – alles auf einem kleinen verfaulenden Stückchen Seetang. Einen richtigen Kosmos gab es hier, komplett und selbstgenügsam. Kleine Krebse und Krabben und Muscheln – und vermutlich noch Hunderte von anderen Lebewesen, die so winzig waren, daß ich sie nicht erkennen konnte. Und alles lebte, unbeeindruckt von der Kälte, dem Wind und den sturmgepeitschten Wellen. Es war ein freudvoller Anblick – bis ich wieder spürte, wie es überall zwickte und zwackte.

»Mist!« rief ich noch einmal. Konnten die Bisse durch meine Haut dringen? Ich hatte eine scheußliche Vision, wie sich das Getier langsam in mein Fleisch hineinfraß. Ich fing eine kleine Krabbe und zerquetschte sie mit den Fingern. Ich griff mir noch eine und noch eine. Andere waren einfach zu flink. Wenn ich dachte, ich hätte sie erwischt, entschlüpften sie mir wieder, verbargen sich in den Zweigen des Tangs und begannen von neuem, an mir herumzuknabbern.

Ich zerdrückte eine Krabbe und steckte sie in den Mund. Würgend spuckte ich sie wieder aus. *So* verzweifelt war ich nun doch noch nicht. Ich verfolgte mit den Augen eine andere Krabbe, die hurtig über meine Brust lief. Wenn ich starb, wie lange würde es wohl dauern, bis sie sämtliches Fleisch von meinen Knochen gefressen hatten? Ich schüttelte den Kopf. Solche Dinge darf man sich nicht ausmalen. Schluß damit! Ein bleiches Skelett mit fein säuberlich blankgenagten Knochen trat vor mein inneres Auge.

»Schluß jetzt!« rief ich laut.

»Schluß womit?« wunderte sich John.

Ich fürchtete, die Kontrolle über den Fluß meiner Gedanken zu verlieren. Vermutlich fing so das Sterben an. Vielleicht beginne ich auch nur zu spinnen. Das war bestimmt die Kälte. Ich spürte, wie mein Bewußtsein abglitt und immer tiefer in der Unergründlichkeit einer schwarzen Höhle versank.

»Brad, ich hab Angst. Ich glaube, die Kälte macht mich fertig. Ich glaube, die Unterkühlung hat bei mir schon eingesetzt«, stieß ich mit schlotterndem Kiefer hervor.

Brad kam vom Seitenwulst des Schlauchbootes, wo er die ganze Zeit gesessen hatte, herunter und setzte sich neben mich. »Sie werden bald hier sein. Sie wissen ja, wo wir sind. Wahrscheinlich wird noch einmal ein Flugzeug rausgeschickt, um nach uns zu suchen«, tröstete er mich. »Es wird nicht mehr lange dauern.«

»Wenn nur endlich die Sonne herauskäme«, sagte John. »Dann könnten wir wenigstens feststellen, in welche Richtung wir uns bewegen.«

»Als wir untergingen, kam der Wind doch von Nordosten, oder?« meinte ich. »Ich glaube nicht, daß er gedreht hat.«

»Ja, schon«, sagte John. »Aber was ist mit dem Golfstrom? Der läuft doch in etwa von Süd nach Nord.«

»Dann können wir nicht allzuweit gekommen sein«, stellte Brad fest. »Wir sind bestimmt nicht weit von der Position entfernt, wo die Küstenwache uns gesehen hat.«

»Wieso brauchen die nur so lange?« fragte Meg. Sie hatte schon längere Zeit nichts mehr von sich hören lassen. Erleichtert stellte ich fest, daß sie noch nicht teilnahmslos geworden war. Ich betrachtete ihre Beine. Die Verletzungen sahen böse aus, die Wunden hatten sich entzündet und eiterten.

»Meg, wie fühlst du dich?« fragte ich. »Bist du okay?«

Mark veränderte seine Position und stieß dabei an Megs Beine. Sie brüllte auf vor Schmerz.

»Paß doch auf, Mann«, sagte John zu Mark. »Du brauchst sie doch nicht zu treten!«

»Kann's nicht ändern«, gab Mark zurück. »Ihr habt jede Menge Platz, um euch auszubreiten, und ich hab einen Scheißdreck.«

»Gib eben das nächste Mal ein bißchen besser acht«, sagte nun auch Brad.

»Ich hab einfach nicht genug Platz!«

Wir verstummten. Brad balancierte wieder unser Schiffchen aus, während es über die Wellen ritt. Das Meer hatte sich seit gestern nacht zwar etwas beruhigt, aber ich traute dem Frieden nicht. Jederzeit konnte uns eine Sturzsee überrollen. Ich erbot mich, für eine Weile das Ausbalancieren des Dingis zu übernehmen, aber Brad wollte nichts davon wissen. Er schien die Konzentration auf diese Aufgabe zu brauchen. Ich hatte den Eindruck, daß er sich auf diese Weise die Streitereien vom Leib zu halten hoffte, zu denen es zwischen uns, die wir auf dem Boden des Schlauchbootes hockten, gekommen war. Und merkwürdigerweise schien ihm noch nicht einmal kalt zu sein.

Ich erinnerte mich, daß Brad lange Unterhosen unter seinen Jeans getragen hatte, als wir zusammen Wache gegangen waren. War es auf unseren Wachen so kalt gewesen? Warum hatte ich dann keine lange Unterhose an? Wie zum Teufel kam ich überhaupt in diese lächerlich winzigen Leichtathletikshorts? Dann sah ich zu Meg hinüber. Sie hatte nichts weiter an als Johns dünnes Hemd. Ich bekam ein schlechtes Gewissen, weil ich mit meinem Los unzufrieden war, wo sie doch so gut wie gar nichts hatte. Dann begann ich darüber nachzudenken, wieso Brad sich nicht erboten hatte, Meg seine Unterhosen zu überlassen. War das richtig? Vielleicht sollte ich deswegen ein paar Worte verlieren. Aber vielleicht würde das nur wieder einen gewaltigen Streit vom Zaun brechen. Jeder würde das Kleidungsstück haben wollen, wobei Meg es allerdings am dringendsten brauchte – aber vielleicht war es ihr auch gar nicht mehr möglich, die Hose anzuziehen, und dann wäre Brad ganz schön sauer . . .

»Schaut!« rief John. »Dort drüben!«

Ich blickte über die Schulter und konnte weitab in der Ferne ein Schiff ausmachen.

»Paddeln!« schrie Mark. Er griff sich das Holzbrett und begann mit mächtigen Schlägen zu rudern.

Wir paddelten alle mit ihm und riefen »hierhin« und »dort drüben«. Als Mark nicht mehr konnte, nahm ich das Behelfspaddel und zog es mit all meiner Kraft durchs Wasser. Nach ein paar Minuten war klar, daß wir uns vergeblich abmühten – die Konturen des Schiffes wurden zunehmend kleiner. Es entfernte sich von uns.

Verzweiflung legte sich wie ein schweres, nasses Netz über mich.

»Ein Schiff müßte uns schon direkt vor der Nase haben, um uns überhaupt zu sehen«, sagte ich.

»Und außerdem müßten die ganz schön aufpassen«, pflichtete Brad bei.

»Hat denn, verdammt noch mal, keine Sau Bescheid gegeben, daß wir hier draußen sind?« Marks

Gesicht glühte vor Zorn. »Weiß denn überhaupt jemand, daß wir hier in der Scheiße sitzen? Wir werden hier noch krepieren! Ihr werdet's erleben, ihr werdet es . . .«

»Halt's Maul, Mark!« Ich hätte ihm am liebsten eine geknallt. »Wenn du nicht aufhörst, so zu reden, dann krepieren wir wirklich noch!«

»Warum beachtest du ihn noch?« sagte Brad und berührte meinen Arm. »Einfach ignorieren! Nicht auf ihn eingehen.« Er sprach, als wäre Mark nicht vorhanden und würde nicht zuhören.

Mark murmelte wieder etwas von zu wenig Platz und streckte dabei ruckartig die Beine aus, wobei er abermals mit Meg kollidierte.

Die Dämmerung senkte sich herab. Ich verfolgte das Schwinden des Lichts – und unserer Hoffnung. Irgendwo im Westen stand die Sonne noch hoch am Himmel, atmete die Erde noch Wohlgeruch und Wärme. Ich schloß die Augen – und sah, wie auf grünem, kurzgeschorenen Rasen Ball gespielt wurde, sah Kinder auf der Schaukel hinter dem Haus, bellende Hunde und Autos, die in die Auffahrten der Häuser einbogen. Dort gab es Leben – das Leben, das die Menschen auf der Erde führten. Aber hier, auf diesem winzigen kahlen Gummiplaneten, gab es nur Elend und Gestank und Kälte. Nie hatte ich eine solche Finsternis gesehen, nie ein solches Gefühl der Verzweiflung erlebt.

»Sie werden uns jetzt nicht mehr sehen können, nicht für den Rest der Nacht«, sagte ich.

»Worauf du einen lassen kannst!« ließ sich unser Schätzchen Mark vernehmen.

»Ich weiß nicht, ob ich noch eine Nacht durchstehe«, sagte John.

»Es wird dir wohl nichts anderes übrigbleiben, Amigo«, gab Brad mit müder Stimme zurück.

Meg war still und starr wie eine Statue. Ob die anderen auch gelegentlich schon Aussetzer hatten wie ich, in denen ihnen die Realität mehr oder weniger abhanden kam? Ich fragte mich, wie nahe wir daran waren, uns ganz aus der Wirklichkeit abzumelden und überzuschnappen. Nach meiner Rechnung trieben wir jetzt an die dreißig Stunden auf dem Meer, wobei wir mehr als die Hälfte dieser Zeit buchstäblich *im* Wasser zugebracht hatten – im Wasser, das gut fünfzehn Grad wärmer gewesen sein dürfte als die Luft. Ich wußte nicht, wie lange wir bei dieser Temperatur noch Überlebenschancen hatten. Es waren vielleicht vier bis fünf Grad. Wenn die Temperatur noch ein bißchen absank, würden wir bis zum Morgen nicht mehr durchhalten können.

»Gott sei Dank sind wir im Golfstrom«, sagte ich. Ich wollte lediglich den Klang meiner Stimme hören, wollte feststellen, ob ich noch einen vernünftigen Satz zustande brachte. »Wenn wir nicht im Golfstrom wären, hätten wir auch keinen Tang, und außerdem wäre es ein ganzes Stück kälter.«

Keiner machte sich die Mühe zu antworten. Sie starrten nur öde vor sich hin und bibberten in der Kälte. Das Geklapper unserer Zähne drang in die mondlose Nacht. Der Gestank im Schlauchboot – der Gestank von verrottendem Tang, Eiter und Urin – war nahezu unerträglich. Wir waren übereingekommen, unsere Notdurft nach außen zu verrichten, aber dann, mit schlechtem Gewissen zwar, war ich gleichgültig geworden und hatte das unbeschreibliche Wärmegefühl genossen, welches durch das Wasserlassen ausgelöst wurde. Einerseits machte ich mir Vorwürfe, Meg gegenüber nicht rücksichtsvoll genug zu sein, aber hatte ich nicht andererseits auch ein Recht auf meine eigenen Körperflüssigkeiten? Ich hoffte, daß ich Meg damit nicht allzusehr beeinträchtigte, aber auch sie mußte sich ja innerhalb des Bootes erleichtern – machte es da noch einen Unterschied?

Ich beobachtete Meg eine Zeitlang. Es war nicht festzustellen, ob ihre Augen offen waren oder geschlossen. Einen Moment lang glaubte ich, sie sei schon tot, aber dann stöhnte sie leise und änderte ihre Stellung ein wenig. Ich dachte an das Gesetz vom Überleben des Stärkeren. Wenn es danach ging, dann hatte Meg hier draußen sehr schlechte Karten.

Als John, Meg und ich die »Trashman« nach Annapolis gesegelt hatten, waren wir nachts an Montauk auf Long Island vorbeigekommen. John hatte auf den Ort gezeigt und gesagt, Meg sei dort geboren und wir würden alle eines Tages hinfahren und eine Party veranstalten.

Ich kam mir schäbig vor, weil ich so wenig von ihr wußte. Einmal hatte sie einen Exehemann erwähnt und von einem Haus in Florida gesprochen.

Aber davon einmal abgesehen – was wußte ich schon von dieser Frau, die noch keinen Meter von mir entfernt ein solches Leid zu ertragen hatte? Gar nichts wußte ich, außer daß sie ihren Chardonnay gerne sehr kalt trank! Ich betrachtete Meg und fragte mich, ob sie jetzt an zu Hause dachte und den Horizont nach den milchigen Lichtern von Montauk Point absuchte.

Eine gewaltige Woge brach über das Schlauchboot herein und füllte es mit Wasser. Sofort machte ich mich daran, es mit den Händen auszuschöpfen. Wir waren leichtsinnig geworden, hatten vergessen, daß wir immer noch in Gefahr waren zu kentern. Wir mußten besser aufpassen. Mit dem Wasser im Boot war es an sich ganz angenehm, aber durch das Gewicht bekamen wir zuviel Tiefgang. Eine neuerliche Welle konnte uns mit Leichtigkeit überfluten. Ein bißchen Wasser im Boot war nicht schlecht, zuviel Wasser jedoch war eine tödliche Gefahr.

»Seht, dort drüben!« rief Meg und deutete nach vorne. »Ich glaube, ich sehe ein Licht!«

Wir drehten uns in die angegebene Richtung. Als wir auf den Gipfel einer Welle getragen wurden, konnten wir es alle sehen. Das Licht war so nahe, daß wir es als Topp- oder Ankerlicht ausmachen konnten. Die Lichter sahen nicht aus wie die Signallichter eines Fahrzeuges, das Fahrt macht.

»Lieber Gott, das ist aber nah!« rief Brad.

»Vielleicht ein Fischerboot?« spekulierte ich.

»Wir müssen versuchen, hinüberzupaddeln. Geht

in den Bug und paddelt abwechselnd mit dem Brett«, schlug John vor.

»Gib her«, sagte Brad und griff nach dem Brett.

Mein Herz begann zu rasen. Wenn es sich um ein Fischerboot handelte, bestand gute Aussicht, daß das Fahrzeug für längere Zeit seinen Platz nicht verlassen würde. Wir hatten reelle Chancen, das Schiff zu erreichen. Brad grunzte vor Anstrengung, während er das Brett durch das Wasser zog. Wir paddelten alle mit den Händen mit. Ich wußte zwar, daß das kaum etwas nützte, aber es war besser, als gar nichts zu tun.

Wir versicherten einander, wie tüchtig wir vorankämen. Dann setzte wie zu unserer zusätzlichen Ermutigung auch noch leichter Regen ein. Wir ließen die Paddelei sein, legten uns zurück und rissen in Erwartung eines sogleich einsetzenden Wolkenbruchs die Münder auf. Aber aus dem leichten Regen wurde Sprühregen, und alsbald tröpfelte es nur noch ein bißchen. Mutter Natur spuckte uns ins Gesicht. Der Text einer Fernsehwerbung für den Umweltschutz kam mir in den Sinn: »Die Natur braucht uns nicht, aber wir brauchen die Natur . . .«

Fluchend übernahm John das Brett von Brad und begann, mit kurzen zornigen Schlägen zu paddeln. Ich sagte John, daß wir gut vorankommen würden, aber nach etwa zwanzig Minuten lag die schmerzliche Wahrheit klar auf der Hand – Wind, Wellen und Strömung arbeiteten gegen uns, und wir waren keinen Schlag von der Stelle gekommen. Trotzdem paddelten wir mit unserem Brett abwechselnd weiter, bis der Morgen anbrach und das Schiff, wenn es denn eines war, hinter der Horizontlinie verschwunden war.

Wir waren allesamt völlig erschöpft. Aber wenigstens hatten wir die Nacht lebend überstanden. Der neue Tag brachte neue Hoffnung auf Rettung. Ganz gewiß war inzwischen die Küstenwache in voller Mannschaftsstärke ausgeschwärmt. Ganz gewiß war dies der Tag unserer Rettung.

KAPITEL 7

Der Sturm war weitergezogen, die See aber immer noch sehr bewegt. Die Wogen waren jetzt glatt wie gegossenes Zinn. Die milchige Wolkendecke lag nicht mehr so tief, doch sie war immer noch geschlossen. Der Himmel zeigte uns die kalte Schulter: Er gewährte uns keinen Regen gegen unseren quälenden Durst, verweigerte uns Sonnenschein, der unsere verschrumpelte Haut hätte wärmen können; noch nicht einmal einen Fingerzeig über die ungefähre Richtung, in die wir trieben, ließ er sich entlocken.

Ich spürte, daß sich in der vergangenen Nacht in unserem Häuflein ein Wandel vollzogen hatte. Die bereits bestehenden Bündnisse waren enger geworden; die Grenzlinien traten deutlicher hervor und wurden entschlossener verteidigt. Und Mark hatte sich völlig in sich selbst zurückgezogen. Kaum eine Armeslänge von mir entfernt, verhielt er sich, als säße er allein im Schlauchboot. Er war weiß im Gesicht, seine Lippen schimmerten bläulich, und der Blick seiner blaßblauen Augen war starr auf einen unbestimmten Punkt in der Ferne gerichtet – draußen, hinter den rollenden Wogen.

John und Meg saßen zusammengekauert im Heck. John hatte den Arm um sie gelegt, ihre Köpfe lehnten aneinander. Megs verfilztes Haar klebte wie ein dunkles Kopftuch um ihr Gesicht. Ihr Blick war abwesend und matt. Brad saß stumm und mit steinernem Gesichtsausdruck oben auf dem Wulst des Schlauchboots. Er hatte seine Aufgabe als Waagbalken unseres Schiffchens gefunden.

Und vorne im Bug hockte ich und betrachtete meine Haut. Ich war entsetzt und fasziniert zugleich, wie die See es fertigbrachte, mich auf immer neue Weise anzufressen. Arme und Beine waren übersät mit offenen Schrunden. Jeder kleine Kratzer war zu einer schwärenden Wunde aufgeblüht. Neben meinem rechten kleinen Zeh klaffte eine tiefe Schnittwunde, die sich entzündet hatte. Ich hatte immer gedacht, Salzwasser würde desinfizieren, aber seine giftige Wirkung schien der von Säure in nichts nachzustehen. Ich legte mich im Bug flach auf den Boden. Mit jeder Rollbewegung des Bootes kam das übelriechende Faulwasser auf mich zugeschwappt, und ich mußte meinen Atemrhythmus entsprechend einteilen, um nichts von der Brühe in den Mund zu bekommen und zu verschlucken. Ich schloß die Augen und fing an, das Vaterunser aufzusagen. Ich überließ mich den vertrauten Worten, und allein schon die Tatsache, daß ich sie mir noch alle ins Gedächtnis rufen konnte, tröstete mich.

Ich bat Gott um Stärke, und kam mir sogleich albern vor, weil ich glaubte, daß es IHN überhaupt gab. Gleich darauf entschuldigte ich mich wieder beim lieben Gott, weil ich an seiner Existenz gezweifelt hatte. Mein Geist war in einer Zwickmühle gefangen, die Gedanken schwirrten an meinem Kopf vorbei wie die Geschosse eines Heckenschützen. Kontrollier dich, sagte ich zu mir, du mußt die Kontrolle behalten! *Vater unser, im Himmel . . .*

»Da! Ein Schiff!« rief Mark plötzlich.

Ich setzte mich auf und sah es sofort. Es wirkte riesengroß – vielleicht ein Tanker oder ein Containerschiff. Ich lehnte mich über den Rand und begann zu paddeln. Adrenalin schoß wie ein Stromstoß durch meinen Körper.

»Los doch, Brad, paddeln!« schrie ich, aber er planschte nur halbherzig mit einer Hand im Wasser herum. Einige Minuten lang legte ich mich mit aller Kraft ins Zeug, obwohl ich tief in meinem Inneren schon längst wußte, daß es vergeblich war – aber ich hatte das Gefühl, ich müßte es wenigstens auf den Versuch ankommen lassen, als wäre ich verpflichtet, wenigstens irgend etwas zu unternehmen. Ich weiß nicht mehr, wie lange ich paddelte, bis ich mir eingestanden hatte, daß das Schiff verschwunden war. Die anderen waren schon längst auf ihre Plätze zurückgesunken.

Erschöpft ließ ich mich gegen den Seitenwulst fallen. Brad war von seinem Hochsitz heruntergekommen, er saß auf dem Boden neben mir, die Knie ans Kinn gezogen und die Arme um die Beine geschlungen. Auf einmal bekam er heftigen Schüttelfrost.

»Ich weiß nicht, wie lange ich das noch durchstehe«, sagte er mit bebender Stimme. »Ich pack's nicht mehr. Die Kälte macht mich fertig.« Brads bebender Körper ließ das Boot vibrieren. Es war fürchterlich, ihn in einem solchen Zustand zu sehen.

»Leute, könnt ihr euch nicht auf mich legen? Ich glaube, ich sterbe vor Kälte«, stammelte er.

Mark rutschte herbei, nicht ohne wieder einmal die laut aufstöhnende Meg gegen die Beine zu treten. Brad legte sich flach hin, und Mark und ich bedeckten ihn mit unseren Körpern. Nun spürten wir am eigenen Leib, wie heftig es ihn schüttelte; es war, als müßten wir einen Epileptiker bändigen. Um Brad noch fester mit unseren wärmenden Körpern zu umschließen, packten Mark und ich uns gegenseitig an den Armen, die wir um Brad geschlungen hatten.

»Was machen die mit Brad?« rief Meg. »John, sie sollen aufhören, sie sollen aufhören!« John versuchte, Meg zu beruhigen, aber sie trommelte mit den Fäusten auf ihn ein und flehte ihn an, uns Einhalt zu gebieten. Sie schien zu glauben, wir wären über Brad hergefallen. Immer weiter rüttelte sie John, bis er sie mit einer Ohrfeige zur Besinnung brachte und sie weinend in sich zusammensank.

Nach ein bis zwei Minuten hatte sie sich wieder etwas beruhigt. Offenbar hatte sie jetzt verstanden, daß wir Brad helfen wollten. Und mit Johns Unterstützung gelang es ihr sogar, zu uns herüberzukommen. Beide kletterten sie auf unsere flache Menschenpyramide. Für geraume Zeit verharrten wir in dieser Stellung, bis sich Brads Schüttelfrost endlich gelegt hatte.

Jeder kroch in seine Ecke zurück und beschäftigte sich wieder mit seinem eigenen Kummer. Mark trat um sich und reckte und streckte sich und versuchte, sich mehr Platz zu verschaffen. Meg jammerte vor Schmerz. John brabbelte unentwegt, er brauche Wasser, Wasser.

»Mark«, hörte ich einige Zeit später John sagen, »wenn du Meg noch mal trittst, dann hau' ich dich windelweich!«

Ich sah verstohlen zu Megs Beinen hinüber. Sie waren schlimmer geworden. Von einer der tief eingekerbten Wunden ausgehend, zogen sich jetzt rote Streifen das Bein hinauf. Ich wußte, was das zu bedeuten hatte: die Blutvergiftung begann voranzuschreiten. Ich beugte mich zu Brad hinüber. »Sieh dir das einmal an. Wir müssen etwas tun«, flüsterte ich ihm zu.

»Aber was?«

»Ich weiß nicht.« Mein Blick fiel auf das Stück

Kunststoffleine, das wir im Beerentang gefunden hatten. »Vielleicht sollten wir das Bein direkt über der Wunde abbinden, damit sich die Infektion nicht ausbreiten kann. Es geht doch nur darum, Zeit zu gewinnen, bis die Küstenwache kommt.«

»Worüber unterhaltet ihr euch eigentlich?« Megs Stimme klang gereizt. »Ihr redet über mich, so ist es doch! Ich weiß, daß ihr über mich redet. John, die zerreißen sich das Maul über mich!«

»Wir machen uns Sorgen wegen deinem Bein«, sagte ich. »Es ist entzündet. Sieh doch selbst.«

Meg schlug die schützend um die Knie geschlungenen Arme auseinander. Sie betrachtete ihr rechtes Bein und begann zu weinen.

»Ich meine, wir sollten es abbinden«, fuhr ich fort. »Dadurch können wir verhindern, daß sich die Infektion ausbreitet. Bloß, bis die Küstenwache kommt, verstehst du?«

»Meg, das ist gar keine schlechte Idee«, sagte John.

»Ich glaube, ich kann die Beine überhaupt nicht bewegen«, schluchzte sie.

»Wir werden dir helfen«, sagte John. Seine Stimme war wieder kräftiger. Die Aussicht, Meg helfen zu können, hatte neue Energien in ihm freigesetzt.

»Mark, tausch mal mit mir den Platz«, sagte ich, während ich über ihn kletterte, um zu Meg zu gelangen. Ich versuchte etwas Platz für Meg zu schaffen, damit sie ihre Beine ausstrecken konnte, aber John und Mark gerieten ihr immer wieder in die Quere. John und ich halfen Meg auf und setzten sie auf den Seitenwulst des Schlauchboots. Tränen strömten über ihr Gesicht. Bis zu diesem Augenblick hatte ich gar nicht bemerkt, daß sie außer dem Hemd nichts hatte, um ihre Blöße zu bedecken. Sogar die Unterhose hatte sie verloren.

Kein Wunder, daß sie immer mit um die Knie geschlungenen Armen dagesessen hatte! Es gab meinem Herzen einen Stich, als sie versuchte, sich mit den Händen zu bedecken. Trotz aller Schmerzen, die sie litt, versuchte sie ein letztes bißchen Würde zu bewahren. Ich hätte ihr am liebsten gesagt, wir könnten auf das Abbinden verzichten. Wie gerne hätte ich ihr versichert, daß kein Grund zur Beunruhigung besteht und alles wieder in Ordnung kommt!

»Ich weiß, daß es dir weh tut«, sagte ich sanft, »aber du mußt dein Bein ausstrecken, damit ich das Seilende darumlegen kann.« Ein übermächtiges Schuldgefühl würgte mich, weil ich ihr zumuten mußte, sich zu entblößen, und sie obendrein einer unerträglich schmerzhaften Prozedur unterzog. Aber ich war überzeugt, daß es für Megs Überleben absolut notwendig war.

Meg streckte mir unter Schmerzenstränen ihr geschwollenes, entzündetes Bein entgegen. John stützte sie, und ich führte das gelbe Seil um ihren Oberschenkel, etwa eine Handbreit unter dem Beinansatz. Dann knüpfte ich eine Schlinge. Als ich versuchte, die Schlinge vorsichtig zuzuziehen, stieß Meg einen Schmerzensschrei aus, einen gequälten, markerschütternden Klagelaut. John packte ihre Hände und versuchte sie zu beruhigen, aber sie setzte sich heftig zur Wehr. Ich brachte es einfach nicht übers Herz, ihr das anzutun. Ich löste die Schlinge wieder.

»Ich wollte dir doch nur helfen, Meg, weiter nichts«, sagte ich kleinlaut. Sie fiel auf dem Boden des Bootes in sich zusammen. Ich fühlte mich miserabel – wegen der Schmerzen, die ich ihr bereitet hatte, und weil ich außerdem wußte, daß wir vermutlich die einzige Chance, ihr zu helfen, nicht genutzt hatten. Mein Herz pochte wild. Ich schaffte es nicht, Meg anzusehen. Ich konnte überhaupt niemanden ansehen.

Sie wird sterben, schrie es in mir. O Gott, ich wollte ihr nicht weh tun. Bitte vergib mir! Was sollen wir denn tun, wenn sie stirbt? Ich hatte das Gefühl, mich übergeben zu müssen. Ich war an der Grenze meiner Fassungskraft angelangt.

Eine dunkle Rückenflosse und dann noch eine stießen in knapp hundert Meter Entfernung durch die Wasseroberfläche. Sie waren also immer noch da und zogen wachsam ihre Kreise.

Ich sank wieder zurück auf mein Plätzchen im Bug. Megs furchtbares Leid hatte mich so mitgenommen, daß ich die Kälte für ein paar Minuten vergessen hatte. Nun aber begann sie meinen Körper wieder mit einer Heftigkeit zu schütteln, die mir Angst einjagte. Ich versuchte, dagegen anzugehen, versuchte, mich auf etwas anderes als das Zittern zu konzentrieren, versuchte meine Gedanken in bestimmte Bahnen zu lenken – *konzentrier dich*, denk an etwas anderes, nur nicht an die Kälte!

Die Küstenwache. Wo zum Teufel steckte die Küstenwache? Die lassen die Leute doch nicht hier draußen allein! Nicht, nachdem man um Hilfe gebeten hat, nicht, nachdem man von ihnen gesichtet worden ist, nicht, nachdem sie wissen, wer man ist und daß man in Schwierigkeiten steckt! Aber wo waren sie? Mittlerweile war es vermutlich schon Nachmittag geworden, und die See hatte sich beruhigt. Bei solchem Wetter konnte es für den Rettungsdienst doch kein Problem sein hinauszufahren. Jeder konnte bei solchem Wetter hinausfahren! Hatte man uns schon aufgegeben? Ließ man uns hier draußen einfach sterben?

»Ich halt es einfach nicht länger aus, in dieser Scheiße zu sitzen«, meuterte Mark. Ich hatte geschlafen. Das Nachmittagslicht war schwächer geworden. »Mir wird schlecht davon. Wir müssen diese stinkende Pisse loswerden.«

»Wir können sie nicht loswerden.«

»Klar können wir das! Wir brauchen das Boot nur umzudrehen und das ganze Zeug herauszuwaschen.«

»Und die Haie?«

»Siehst du denn welche? Ich sehe keine.«

»Wenn du keine siehst, heißt das noch lange nicht . . .«, gab John zu bedenken.

»Wir machen ganz schnell. Wir kippen das Ding aus und drehen es ruck, zuck wieder auf die richtige Seite.«

»Und wie soll Meg deiner Meinung nach aus dem

Boot heraus- und wieder hineinkommen?« fragte John.

»Das schafft sie niemals«, bekräftigte ich. »Außerdem werden wir den ganzen Tang einbüßen, und wie sollen wir uns dann zudecken, falls wir noch eine Nacht hier draußen zubringen müssen?«

»Wenn's sein muß, dann sammeln wir eben neuen.«

»Es gibt keinen neuen Tang. Ich habe schon lange Zeit keinen mehr gesehen«, warf Brad ein.

»Das ist mir scheißegal! Jetzt wird das Boot umgedreht!« schrie Mark und begann, strampelnd das Boot hin und her zu schaukeln, wobei er achtlos jeden mit den Füßen trat. Er sah aus wie ein Fünfjähriger, der einen Wutanfall hat.

»Hör auf!« schrien wir alle, aber er tobte weiter.

»Brad«, sagte ich leise, »mach doch was!«

»Mark, laß gut sein!« mahnte Brad. »Das Boot wird nicht umgedreht, und damit basta! Wir sind alle zu schwach. Was ist, wenn wir es nach dem Umdrehen nicht mehr schaffen hineinzuklettern – und die Haie kommen zurück?«

»Dieser Dreck macht für Meg doch alles nur noch schlimmer! Seht euch mal meine Beine an und eure eigenen! Wir haben alle schon Geschwüre, und jede Minute entzündet sich alles noch mehr. Wenn wir sauberes Wasser hier drin hätten, würden die Infektionen wenigstens nicht dauernd schlimmer werden.«

Was Mark sagte, war einleuchtend. Wenn es ihm in den Kram paßte, konnte er verblüffend vernünftig argumentieren. Er hatte völlig recht, das im Boot herumschwappende Faulwasser war entsetzlich, der Geruch unerträglich. Die Geschwüre auf meiner Haut waren seit der letzten Nacht größer geworden und hatten jetzt den Umfang einer Zehncentmünze. Und bei genauem Hinsehen merkte ich, daß sich an meinem ganzen Körper neue Entzündungsherde gebildet hatten.

Die Wärme des Wassers war verlockend. Haie waren zur Zeit auch nicht in Sicht. Vielleicht konnten wir ... wenn wir uns beeilten und nicht herumplanschten ... John sagte etwas zu Meg, und Meg nickte.

»Meg möchte es versuchen«, sagte er zu uns.

»Sei doch kein Idiot, Mann! Das schafft sie doch nicht«, entrüstete sich Brad.

»Wir müssen uns eben beeilen – zuerst heben wir Meg ins Wasser, und dann gehen wir ganz vorsichtig selber rein, damit wir die Haie nicht auf uns aufmerksam machen«, sagte John. »Anschließend kippen wir das Boot um und drehen es in einem Zug wieder zurück. Wir müssen dann nur noch den ganzen Tang packen und ins Boot zurückwerfen. Das müßte doch eigentlich gehen.«

Brad protestierte, aber diesmal war er der einzige, der anderer Meinung war. Alle anderen waren wild entschlossen. Wir häuften den Tang in der Mitte des Bootes auf und halfen anschließend Meg auf den Seitenwulst hinauf. Wir drehten sie nach außen, so daß ihre Beine ins Wasser hingen. Dann ließen wir sie so sachte, wie wir nur konnten, ins Wasser gleiten.

Brad und John stiegen an der dem Wind zugewandten Seite ins Wasser, Mark und ich an der Leeseite. Ich hangelte mich vor zum Bug, Mark wartete am Heck. Meg hielt sich an John fest, und wir hoben derweil das Boot gegen den Wind an. Als es hoch genug emporragte, gaben Mark und ich dem Boot einen Stoß, und es kippte vollends um. Ich hielt nach Haien Ausschau. Im Moment war keiner zu sehen. Ich spürte, wie kleine Fische an meinen Beinen herumknabberten, und hätte am liebsten drauflos gestrampelt, aber wegen der Gefahr, Haie anzulocken, mußte ich jede überflüssige und unbedachte Bewegung vermeiden.

Das Wasser fühlte sich wunderbar an, aber wir hatten nicht die Zeit, seine wohlige Wärme auszukosten. Wir mußten das Schlauchboot schleunigst wieder in seine Ausgangslage bringen. Kaum hatten wir das geschafft, kletterten wir Hals über Kopf wieder an Bord und landeten einer über dem anderen auf dem Boden des Dingi. Nur eine fehlte: Meg.

»Los, Meg, mach voran«, drängte John.

»Ich möchte nur noch ein paar Minuten hier draußen bleiben«, sagte sie mit verträumter Stimme. Sie hatte die Augen geschlossen. Ich konnte nur zu gut verstehen, was sie da draußen hielt. Die Schwerelosigkeit im Wasser war eine grenzenlose Erleichterung und die Wärme eine unwiderstehliche Versuchung. In atemloser Spannung warteten wir auf Meg – und die Haie.

»Mist, der Tang!« rief Brad. »Er treibt weg! Packt schnell alles, was ihr noch erreichen könnt.«

Unsere Sorge um Meg hatte uns so sehr in Anspruch genommen, daß der Tang inzwischen unbemerkt fortgetrieben war. Brad und ich lehnten uns weit über Bord, und es gelang uns, ungefähr die Hälfte des Tangs wieder ins Boot zu befördern.

»So, Meg, das war's dann«, sagte ich und schämte mich sofort wegen meines scharfen Tons. »Komm jetzt herein. Wir dürfen kein Risiko eingehen. Los jetzt!«

Ich streckte ihr die Hand entgegen. Einen Moment lang wich sie zurück, dann fügte sie sich in ihr Los. Sie war schon so schwach, daß sie fast völlig auf unsere Hilfestellung angewiesen war. Wir gaben uns alle Mühe, ihre zerschundenen Beine und ihren geprellten Rücken zu schonen, doch sie schrie laut auf, als wir sie über die Seite hereinzogen. Ich sagte mir, daß wir richtig gehandelt hatten. Wir waren alle wieder im Schlauchboot – vollzählig –, und das jauchige Wasser war fort.

»Jetzt ist zuwenig Tang da, um uns alle damit zuzudecken«, sagte Brad. »Wir werden uns zu Tode frieren.«

Ich gab ihm keine Antwort. Ich war einfach erleichtert, daß wir die ekelhafte Kloake losgeworden waren.

Die Erleichterung währte ungefähr zwei Minuten. So lange dauerte es, bis mir dämmerte, daß wir etwas unsäglich Törichtes getan hatten. Das Faulwasser war zwar jauchig gewesen, aber auch warm. Jetzt hatten wir die Hälfte des Tangs und sämtliches von unseren Körpern aufgeheizte Wasser verloren.

Ich sank kraftlos gegen den Gummiwulst. Das Umdrehen des Bootes hatte mich meine letzten Energiereserven gekostet und meinen ohnehin schon quälenden Durst noch gesteigert. Ich blickte in das dunkle, graugrüne Wasser. Nein, das war keine Lösung. Ich wußte, daß Salzwasser zu trinken tödlich war. Da war es noch besser, sich den eigenen Urin einzuflößen.

Ich legte mich flach hin und steckte den Kopf unter die Gummispritzdecke, die über den Bug gespannt war. Sich dort hineinzuducken war eine Art Flucht, eine Möglichkeit, sich von den anderen abzusondern. Obwohl sie keinen Meter weit entfernt lagen, hatte ich das Gefühl, hier vorne in meiner eigenen Welt zu sein. Wenn ich nicht völlig aus den Fugen geraten sollte, dann mußte ich unter allen Umständen einen Weg finden, mich von ihnen abzugrenzen. Sie zogen mich nach unten, sie füllten meinen Kopf mit düsteren Gedanken. Ich schloß die Augen und spürte, wie sich der Schlaf, einer schweren Decke gleich, auf mich herabsenkte. Dann packte mich wieder die Angst, und meine Augen flogen auf. Mit einem Schlag hatte ich genug davon, allein zu sein. Ich hätte keine weitere Sekunde der Isolation ertragen.

»Brad«, sagte ich, »ich brauche dich!«

Er steckte seinen Kopf zu mir unter den Bug.

»Ich habe solche Angst, einzuschlafen und nicht mehr aufzuwachen.«

»Ich paß auf dich auf«, sagte er.

»Laß mich nicht zu lange schlafen. Die Unterkühlung ...«

»Debbie, ich weiß«, antwortete er mit müder Stimme.

Ich schloß die Augen. Eine Fülle von Ereignissen wirbelte über den dunklen Bildschirm meines Bewußtseins. Ich sah, wie das Flugzeug der Küstenwache zu uns herunterstieß, sah die langsam verschwindende Mastspitze der »Trashman«, sah meinen Vater, meine Mutter, meinen Halbbruder. Dann sah ich in herbstlichem Gold glühendes Espenlaub, Schnee auf einem schroffen Gipfel und die strenge Miene von Mr. Pitman, meinem Englischlehrer auf der High-School. Er hatte unsere Exkursionen in die Wildnis der freien Natur angeführt und mir Lektionen in der Kunst des Überlebens gegeben. Mr. Pitman ... Seit Jahren hatte ich nicht mehr an ihn gedacht. Jetzt stand er auf einmal vor mir, an einem Pult in einem Klassenzimmer mit dunkler Holztäfelung. Er sah mich an und wartete auf meine Antwort. Miss Scaling, warum haben die Seeleute früher auf den Albatros geschossen? Passen Sie überhaupt auf, Miss Scaling? Also der Albatros. Warum auf den Albatros? Es ist kein Albatros, Mr. Pitman, sage ich, es ist ein Flugzeug. Hört man das denn nicht? Sie sind wiedergekommen, um uns zu holen.

Ich schlug die Augen auf. Wovon hatte ich geträumt, von einem Vogel? Nein, von einem Flugzeug. Ich hatte ein Flugzeug gehört. Ich hörte es immer noch. Ich war wach und hörte immer noch Motorengeräusch. Ja, sie sind gekommen! Ich wußte doch, daß sie kommen würden. Ich kroch unter der Spritzdecke hervor, um unsere Retter zu begrüßen. Alle starrten nach oben, aber warum jubelte denn keiner? Meine Augen durchmusterten den grauen Himmel. Dann sah ich es. Wir alle sahen es. Ein großes silbernes Passagierflugzeug zog hoch in den Wolken seine Bahn. Ich sah die Passagiere vor mir, wie sie die Schuhe ausgezogen hatten und sich entspannten, zarte Butter auf kleine Roggenbrotvierecke strichen, zum Fenster hinausblickten, ohne etwas zu sehen, ohne etwas anderes zu sehen als die leere, endlose Weite der See. Das Flugzeug glitt über den Himmel und verschwand.

Ich kroch wieder in mein Buggehäuse zurück. Meine Stimmung war ins Bodenlose gefallen. Es schien völlig sinnlos, von unserer Rettung auch nur zu träumen. Die Küstenwache hatte uns vergessen. Kein Schiff, kein Flugzeug würde zufällig unseren Weg kreuzen. Kein großer Vogel würde aus den Wolken zu uns herabschweben und uns in seinen Klauen behutsam mit sich nehmen. Sie kommen nicht, sagte ich zu mir selbst. Keiner kommt. Jetzt nicht und überhaupt nicht. Es war eine Tatsache, und ich mußte ihr ins Gesicht sehen. Das galt für uns alle. Wir waren völlig auf uns selbst gestellt.

Ein jäher, unerträglicher Schmerz jagte, von meinem verletzten Zeh ausgehend, wie flüssiges Feuer durch mein Bein. Laut schreiend versuchte ich mich aufzusetzen, aber mein Kopf stieß gegen die Gummidecke. Mein Zeh, mein Zeh! – Jemand versuchte, den kleinen Zeh von meinem Fuß abzutrennen! Endlich kam ich unter der Spritzdecke hervor und sah Mark, der heftig an meinem Zeh herumzerrte. »Ich hab dir doch gesagt, du mußt ihn abreißen«, sagte er. »Der Zeh ist so entzündet, daß er sowieso bald abfällt.«

»Laß mich los! Faß mich nicht an!« Ich trat nach ihm und erwischte ihn am Kinn. Er fiel rückwärts gegen die Seite des Bootes.

»Brad, hast du das gesehen?« fragte ich fassungslos. »Der Kerl hat versucht, mir meinen Zeh abzureißen.«

»Mark, du sollst Debbie nicht den Zeh abreißen«, sagte Brad mit teilnahmsloser Stimme.

»Sie wird ihn sowieso verlieren. Ich wollte doch nur helfen!«

»Faß mich bloß nicht wieder an!« keifte ich.

»Ich will dich ja gar nicht anfassen.«

»Arschloch!«

»Miststück!«

»Schluß jetzt!« rief John.

»Könnt ihr euch nicht noch so lange zusammennehmen, bis die Küstenwache kommt?« fragte Brad.

Ich lehnte mich zurück und sah Brad und Mark und Meg und John an. War es denn nicht sonnenklar? Wir waren Idioten, Narren! Wir hofften, nein, wir erwarteten immer noch, daß man uns retten würde! Dabei waren inzwischen 48 Stunden vergangen, seit unser Schiff gesunken war. Ich konnte kaum glauben, daß die anderen es immer noch nicht begriffen hatten.

»Ich habe eine Neuigkeit für euch«, sagte ich. »Die Küstenwache wird nicht kommen.«

Sie drehten alle vier den Kopf zu mir und starrten mich an, aber keiner sagte ein Wort. Meg ließ die Stirn auf die Knie sinken und fing an zu weinen. Na schön, sagte ich mir, laß sie nur herumsitzen und warten. Ich weiß jetzt, was los ist. Keiner wird kommen, um uns zu retten. Wir mußten uns selber retten. Ich schaute in eine andere Richtung. Der Anblick der anderen vier verursachte mir Übelkeit. Wie viele Menschen hatten sich schon in einer ähnlich verzweifelten Lage befunden, und wie viele von ihnen hatten überlebt? Was unterschied diejenigen, die überlebten, von denen, die zugrunde gingen?

Auf St. Thomas hatte ich einmal einen alten Seebär kennengelernt, der einen einzelnen Ohrring trug. Er erzählte mir, wenn ein Seemann mit einem Ohrring über Bord fällt, könnte ihn Neptun an diesem Ring auffischen und wieder auf seinem Schiff absetzen. Und wenn ein Seemann eine schwarze Perle mit sich führt, und er erleidet Schiffbruch, dann kann er die Perle bei Poseidon gegen sein Leben eintauschen. Der Alte trug eine Halskette mit einer schwarzen Perle. Ich lachte ihn aus. Ein paar Wochen später begleitete ich eine Freundin, die in ein Juweliergeschäft ging. In einer Vitrine sah ich eine schwarze Perle. Sie war in einen Ohrring eingearbeitet. Zwanzig Minuten später verließ ich mit dem Schmuckstück im Ohr das Geschäft.

Ich griff nach meinem Ohrring. Er war immer noch da. Ich tastete nach der Perle. Tausch sie ein gegen dein Leben, hatte der Alte gesagt ... Poseidon, der alte Seebär, das waren Geschichten, die sich die Leute ausdachten. Das hatte nichts zu bedeuten. Ich löste den Ohrring aus meinem Ohrläppchen und betrachtete ihn ein Weilchen. Dann warf ich ihn ins Wasser.

»Was war das?« fragte Brad.

»Ach, nichts.«

Die Dunkelheit ließ die Verzweiflung noch schwärzer, die Verlorenheit noch grenzenloser werden. Wir wußten, daß wir abermals für annähernd zwölf Stunden nicht zu sehen sein würden, und ebenso wußten wir, daß wir wieder gegen die beißende Kälte der Nacht würden kämpfen müssen. Ich hätte am liebsten das Licht wie einen leuchtenden Schirm wieder über die Horizontlinie emporgezogen.

Ich legte mich neben Brad nieder. Mein Magen gab laute Geräusche von sich. Merkwürdigerweise war ich nicht besonders hungrig. Ich fühlte lediglich eine verschwommene Leere, ein sachte nagendes Verlangen, das sich auf nichts Bestimmtes richtete. Essen war für mich schon immer eine äußerst unerquickliche Prozedur gewesen. Soweit ich zurückdenken konnte, bedeutete Essen für mich immer Belohnung und Strafe zugleich. Ich dachte an all die

Mahlzeiten, die ich wieder herausgewürgt hatte – an das schlechte Gewissen, all die Peinlichkeiten, die ganze Heimlichtuerei. Albern, Debbie, sehr albern.

Ich hörte Meg stöhnen. Brad mußte husten und öffnete die Augen.

»Was sollen wir nur machen?« sagte ich zu Brad.

»Ich weiß es nicht.«

»Es tut mir so leid, daß ich dich in diesen Schlamassel hineingezogen habe. Deine Schwester wird mir den Kopf abreißen«, sagte ich.

»Wenigstens sind wir zwei zusammen«, meinte er.

»Wenn ich dich nicht hätte . . . wenn lediglich die beiden anderen Typen hier wären . . . ich weiß wirklich nicht . . . Und Meg – o Mann, sie hat ja solche Schmerzen.«

»Ja, ich weiß.«

»Wir zwei werden es schaffen, oder?«

»Wir müssen jetzt zusammenhalten, du und ich.«

»Ich bin ja so müde«, sagte ich.

»Dann schlaf doch jetzt. Ich gebe auf dich acht. Ich paß auf, daß dir nichts passiert.«

»Danke.«

Ich fühlte, wie ich allmählich in den Schlaf glitt.

»Deb?«

»Ja, was ist?«

»Wenn all das vorüber ist und wenn wir aus dem Schlamassel wieder raus sind, dann werden wir doch für immer zusammenbleiben, nicht wahr?«

Ich öffnete die Augen und sah Brad an. Ich wußte sehr wohl, was er meinte, aber ich war mir nicht sicher, ob ich ihm dieses Versprechen geben konnte. Aber ich wußte auch, daß er es jetzt brauchte. Wir brauchten uns hier und jetzt. Für immer . . .? Das war ferne Zukunftsmusik.

»Ja, Brad. Wir werden immer zusammensein«, antwortete ich, und als ich die Augen schloß, sah ich einen fahlweißen Vogel, der groß wie die Nacht auf mich herunterstieß.

KAPITEL 8

»Ich brauch mehr Platz!« schrie jemand und versetzte mir einen Tritt. Ich öffnete die Augen. Es war natürlich Mark.

»Du machst dich zu breit.« Er gab mir noch einen Fußtritt. »Ich muß fort von Meg, sie stirbt doch!«

Ich spürte, wie das Schlauchboot schaukelte. Ich versuchte mich zu orientieren. Es war finster, und meine Zähne klapperten. In meinen Füßen hatte ich jegliches Gefühl verloren. Tangreste hingen an meinem Körper, und ich hatte einen entsetzlichen Geschmack im Mund. Meg stöhnte jämmerlich, und Mark brüllte mich an, und ich hatte geschlafen, und ich bekam nicht mehr zusammen, wo ich war und was vorging.

»Brad?« rief ich leise und tastete mit der Hand nach ihm. Er war nicht da. Ich schrie seinen Namen und kroch aus der Bugtasche heraus. Ich versuchte, in der Finsternis etwas zu erkennen. Ich konnte die aneinandergekauerten Gestalten von John und Meg ausmachen. Dann sah ich auch Brad. Er saß rechts auf dem Seitenwulst des Schlauchbootes.

»Was machst du da?« rief ich.

»Platz für Mark, damit er die Klappe hält«, gab er mit matter Stimme zurück, wobei er unentwegt John und Meg betrachtete. John hatte die Arme um Meg geschlungen. Die beiden wiegten sich monoton vor und zurück. Meg stöhnte, und John wiegte sie, sie stöhnte, und er wiegte. Ich wollte wegschauen, aber ich konnte den Blick nicht von ihnen lösen.

»Ich brauche Wasser«, sagte John. »Wasser.«

»An meinem Knöchel ist ein Geschwür«, beschwerte sich Mark. Er umklammerte seinen Fuß. »Es ist infiziert. Ich weiß, daß es infiziert ist! Was ist, wenn sie mich mit ihrer Krankheit ansteckt? Ich muß mich bewegen, ich brauche einfach mehr von diesem Scheißplatz! Sieh sie dir doch an, wie sie stirbt! Ja, sie stirbt, und von jemandem, der stirbt, muß ich weg!«

Ich wußte, daß ich versuchen sollte, ihn zum Schweigen zu bringen, aber ich blieb stumm. Ich hatte nicht die Kraft dazu. Vielleicht bekam Meg im Augenblick gar nichts mit von dem, was er sagte. War es überhaupt noch wichtig, irgend jemanden von irgend etwas abzuhalten? Mark schrie herum, John wiegte sich hin und her, Meg stöhnte, und Brad saß nur teilnahmslos da und starrte ins Leere. Der Gestank, der Schmutz, die Verwesung und die Öde – es war ein Inferno, der finsterste Alptraum.

Wenn es nur regnen würde, dachte ich. Ein warmer, sanfter Dauerregen. Wenn ich nur Regen auf meiner Haut spüren könnte, spüren, wie er an mir herunterläuft, dann wäre alles schon viel besser. Ich begann, Psalm 23 zu beten – *der Herr ist mein Hirte, nichts wird mir fehlen.* Ich wollte wissen, ob mir die Worte noch einfielen – die schlichten, tröstlichen Worte, Worte wie fallende Regentropfen, die sanfte Kringel der Hoffnung aufspringen ließen.

Kurz darauf herrschte wieder Stille. Brad kauerte auf dem Seitenwulst, Meg, John und Mark schienen zu schlafen. Das Schlauchboot glitt von Welle zu Welle, meine Zähne klapperten, der Wind wehte. Wie laut Stille doch sein kann, dachte ich.

»Brad«, flüsterte ich.

»Was ist?« Ich hatte ihn erschreckt.

»Warum kommst du nicht herunter und schläfst ein bißchen? Frierst du denn nicht da oben?«

»Ich bin okay«, sagte er und starrte in die Ferne.

»Brad, bitte, ich brauche dich hier unten!«

Er rührte sich nicht. Ich hatte große Angst, er könnte einschlafen und bei der nächsten Welle über Bord fallen.

»Bitte, Brad, mir wäre viel wohler, wenn du hier nach unten kämst. Es ist nicht besonders sicher, da oben herumzusitzen, weißt du?«

Wortlos ließ er sich neben mir nieder. Wir schmiegten uns aneinander, und ich fühlte mich wieder besser. Ich gönnte mir den großen Luxus, etwas zu schlafen.

Meg stöhnte wieder. Mark meckerte herum, er habe zu wenig Platz. John faselte von Wasser. Einer wie der andere machten sie mich alle drei wahnsinnig. Wenn Meg nur endlich ruhig wäre ... Mein Gott, ich war wütend auf Meg mit ihrer ewigen Stöhnerei! Wie konnte ich nur so herzlos sein? Ich fing wieder an, über das Warum nachzugrübeln. Warum das alles? Warum jetzt? Warum ich? Ich hatte meine Fehler. Ich hatte so manches in meinem Leben vollbracht, worauf ich wahrlich nicht besonders stolz sein konnte. Aber jetzt dieses? War das die Strafe? Ich spürte, daß ich aus dieser Prüfung etwas lernen, einen Schlüssel zu allem finden sollte, etwas Wunderbares und Reines. Und wenn ich diesen Schlüssel fand, dann würde ich damit ... Mist, was sollte ich jetzt wohl noch damit anfangen? Ich döste wieder ein.

»Debbie!« flüsterte Brad. Es war immer noch dunkel.

»Ja?«

»Hör doch! Kannst du mir sagen, was die da machen?«

Ich hob den Kopf und gab mir Mühe, etwas zu erkennen. Ich sah die Umrisse zweier Körper – John und Mark –, die sich im Heck über Bord lehnten.

»Was geht da vor?« fragte Brad erneut.

Ich konnte nicht hören, was sie sprachen. Panik stieg in mir hoch. Machten sie sich an unserem Boot zu schaffen? Oder an Meg? Meg saß da wie immer.

Sie hatte den Kopf auf die Knie gelegt und schlief. Jetzt hörte ich die zwei Männer im Wasser herumplanschen. Und dann begriff ich: Sie tranken Salzwasser. Ich war fassungslos. Wie konnten sie nur so dumm sein?

»Sie trinken Salzwasser!« flüsterte ich Brad zu. »Sollen wir dazwischengehen?«

»Wahrscheinlich ist es schon zu spät«, meinte er.

Es machte mich unendlich traurig, die beiden schlürfen zu hören. Sie hatten aufgegeben, die Kontrolle über sich selbst verloren. Was würde jetzt geschehen? Würden sie verrückt werden, oder waren sie es vielleicht schon? Würden sie sterben? Würden sie über uns herfallen?

»Brad, versprich mir, daß du nichts davon trinkst!« flüsterte ich.

Er antwortete nicht, und meine Angst wurde noch größer. Ich ließ den Kopf wieder sinken. Das Wasser im Boot schwappte mir beinahe in den Mund. Ich stellte mir vor, wie es wäre, den Mund zu öffnen und zu trinken; den Kopf über den Seitenwulst zu hängen und den Ozean hereinströmen zu lassen: Wie würde es schmecken? Wie würde man sich fühlen?

Der Morgen dämmerte. Seit die »Trashman« gesunken war, sah es zum erstenmal so aus, als ob wir vielleicht ein paar Sonnenstrahlen abbekommen könnten. Die Wolkendecke brach auf. Der Gedanke an Sonne auf meiner Haut ließ neue Hoffnung in mir aufkeimen. Vielleicht kam die Küstenwache am Ende doch noch. Natürlich würden sie kommen! Sie hatten eben Probleme gehabt, uns zu finden – so etwas konnte schon mal vorkommen. Aber jetzt war die See wesentlich ruhiger, und es gab keinen ersichtlichen Grund mehr, warum sie uns heute nicht finden sollten – zum Teufel, vielleicht waren sie in der nächsten Stunde schon hier!

Debbie, mach dir nichts vor. Die Küstenwache hätte uns schon längst gefunden, wenn sie uns überhaupt gesucht hätte. Sie wird nicht kommen. Mehr gibt es dazu nicht zu sagen. »Hilf dir selbst, dann hilft dir Gott«, pflegte meine Großmutter Queenie immer zu sagen. Ich werde mir selbst helfen, dachte ich. Ich selbst bin das einzige, was ich noch habe. Ich werde nicht kaputtgehen.

Brad kam aus der Bugtasche hervorgekrochen. Mark und John bewegten sich unruhig hin und her. Meg stöhnte. Ihr verletztes Bein sah noch schlimmer aus. Die grausigen roten Streifen waren breiter geworden und liefen jetzt das ganze Bein hinauf, wo sie unter ihrem Hemd verschwanden.

»Heute kommen sie«, sagte John.

»Das sollten sie auch. Sieh dir meinen Knöchel an!« sagte Mark. Die Entzündung hatte sich mittlerweile bis in seinen Fuß ausgebreitet. »Was soll ich bloß machen?«

»Die Sonne steht da drüben«, sagte Brad bedächtig, »also kommt der Wind wohl aus nördlicher Richtung und die Dünung aus Nordosten. Wir müßten eigentlich auf die Küste zutreiben. Wahrscheinlich werden wir in den nächsten Tagen irgendwo angespült.«

»In South Carolina oder Georgia vielleicht«, meinte Mark.

Das Bild, an einer flachen Küste von den Meereswellen angeschwemmt zu werden, munterte mich auf.

»Und wenn wir dort sind, was machen wir dann?« fragte Meg. »Melden wir uns bei der Küstenwache?«

»Ach was!« sagte John. »Ich fliege nach Hause. Die Dreckskerle haben uns hier draußen verschimmeln lassen. Die sollen mich mal.«

»Du weißt doch, daß ich das Fliegen hasse«, entgegnete Meg. »Laß uns zur Küstenwachstation gehen, und die sollen sich um uns kümmern.«

John zuckte die Achseln. Dann setzte er sich plötzlich kerzengerade hin und zeigte hinaus. »Ich sehe Land!« rief er.

Wir rissen die Köpfe herum und starrten in die angegebene Richtung.

»Mensch, dort drüben! Seht ihr es denn nicht? Genau vor uns!«

Ich schaute angestrengt nach vorne, aber ich konnte nichts als Wasser erkennen.

»Ich glaube, du siehst schon Gespenster, Amigo«, meinte Brad.

John sank gegen die Rückwand des Bootes und seufzte.

»Also, wohin fliegen wir dann?« nahm Meg den Faden wieder auf.

»Wahrscheinlich nach Portland. Am besten gehen wir zu meiner Mutter.«

»Dort will ich nicht hinfliegen. Ich will zur Küstenwachstation. So kann ich doch sowieso nicht in ein Flugzeug. Ich könnte doch jemanden anstecken.«

»Wovon redest du eigentlich?« fragte ich Meg.

»Von der Krankheit, die ich habe. Ich will nicht, daß das noch jemand bekommt.«

»Das ist keine Krankheit, Meg«, rief ich aus. »Das ist eine Blutvergiftung. Damit kannst du niemanden anstecken!«

»Ich will nicht fliegen«, jammerte Meg. Tränen flossen über ihr Gesicht. »John weiß doch, daß ich nicht fliegen kann. Zwingt mich doch bitte nicht dazu!«

John legte den Arm um sie.

»Ist schon gut, Meg«, sagte ich. »Du brauchst nicht zu fliegen. Wenn wir da sind, dann setzen wir dich in den Zug, oder wir mieten ein Auto oder sonstwas . . .«

»Ja, wir tun alles, was du willst«, sagte Brad.

Sie wollte sich nicht beruhigen.

»Jetzt hör aber in Gottes Namen mal auf, Meg«, ereiferte sich Mark und trat mit den Füßen nach ihr. Sie heulte auf.

John schien es überhaupt nicht zu bemerken. »Wir brauchen doch gar nicht zu fliegen. Wir nehmen einfach das Auto«, sagte er. »Wir sind ja nur noch ein kleines Stückchen vor Falmouth. Wir fahren direkt zu dem Krankenhaus, wo meine Mutter arbeitet. Sie wird sich um uns kümmern.«

Ich konnte es zunächst kaum fassen, daß John Meg eine so grausame Lüge auftischte. Dann wurde mir klar, daß John selbst an das glaubte, was er sagte.

»Wir sind nicht kurz vor Falmouth«, sagte Brad. »Wir sind irgendwo mitten im Atlantik. Von Falmouth kann überhaupt keine Rede sein!«

»Erzähl doch keinen Quatsch! Es liegt gleich da drüben«, sagte John im Brustton der Überzeugung.

»Was zum Teufel ist eigentlich mit dir los?« pfiff Mark ihn an.

»Nichts ist mit mir los!« wehrte John sich voller Zorn.

Brad machte den Vorschlag, daß Meg sich für eine Weile nach vorne in den Bug setzen sollte. Er meinte, wenn sie die Beine unter die Spritzdecke steckte, dann könnte sie auch keiner mehr treten.

»Deb und ich können auf den Seitenwülsten sitzen. Mark kann nach hinten rutschen, und dann kannst du dich auch mal etwas ausstrecken«, sagte er zu ihr.

Ich nickte zustimmend, obwohl ich nicht besonders glücklich darüber war, daß ich mein Plätzchen aufgeben sollte.

»Und was ist mit meinem Fuß?« beschwerte sich Mark. »Ich muß mich auch ausstrecken. Ich will dort vorne hin!«

»Mark, Meg geht es schlechter als dir«, sagte ich.

»Aber ich komme mit dem Vornesitzen als nächster dran!«

John und Brad halfen Meg, in den Bug vorzurutschen. John bewegte sich wie in Trance. Seine Augen blieben stets auf einen bestimmten Punkt fixiert, und seine Bewegungen waren von einer unnatürlichen Bedächtigkeit. Ich saß eine Weile oben auf dem Bootsrand, aber in dieser Position war ich zu stark dem Wind ausgesetzt. Ich rutschte wieder auf den Boden hinunter und lehnte mich ans Heck. Keiner sprach ein Wort. Ich suchte die Gegend, von der ich annahm, daß es der westliche Horizont war, mit den Augen ab und hielt Ausschau nach Land, nach irgend etwas.

»Laß das!« hörte ich Meg sagen. »Du trittst mich.«

»Ich trete dich nicht«, wehrte sich John.

»Laß es sein!«

»Hör auf zu meckern. Du kannst immer nur mekkern!« blaffte John gereizt.

»Wo sind meine verdammten Zigaretten?« brüllte Mark plötzlich. Seine weit aufgerissenen Augen nahmen einen wilden Ausdruck an, während er auf dem Boden des Schlauchboots in einem kleinen Haufen Seetang herumwühlte. »Wer hat sie weggenommen?«

»Wovon redest du nur?« sagte Brad. »Du hast doch keine Zigaretten.«

»Ach, so sieht das aus! Du hast sie genommen«, knirschte Mark.

»Es gibt hier keine Zigaretten. Selbst wenn du welche hättest, wären sie inzwischen klatschnaß.«

»Ich – habe – Zigaretten«, sagte Mark langsam und betonte dabei jedes einzelne Wort.

»Woher willst du sie denn haben?« fragte Brad herausfordernd.

»Ich bin gerade eben zum Kiosk gegangen und habe mir Bier und Zigaretten geholt. Und jetzt möchte ich wissen, wer sie hat!«

Ich starrte Mark ungläubig an. Er war verrückt geworden, total weggetreten.

Ich sprach ihn an, um ihn wieder in die Realität zurückzuholen. »Mark«, sagte ich, »wenn du gerade am Kiosk warst, warum zum Teufel bist du dann zurückgekommen?«

Mark saß im verfaulenden Seetang und blickte auf seine Handflächen. Sein Blick wanderte zu Brad, dann zu mir, dann wieder zurück zu Brad. Er blinzelte angestrengt, wie jemand, der etwas genau in den Blick bekommen möchte. Dann zog er die Schultern hoch bis zu den Ohren, schüttelte sich und schloß die Augen. Er versuchte zu sprechen, aber die Worte schienen sich zu weigern, aus seinem Mund zu kommen.

»Ww-wo si-si-sind mmm-meine vvver-da-dadammten Zi-zi-ga-retten?« stotterte er und fing von neuem an, im stinkenden Tang herumzuwühlen.

Dann fing Meg wieder an, John anzuschreien, und John brüllte zurück, und Mark lamentierte, und ich hatte das Gefühl zu ertrinken in dem Geräusch der Stimmen, in dem Gejammer, dem Gebrüll, dem Schluchzen und dem Wehklagen. Warum waren nicht alle einfach mal ruhig? Ich sah, wie John Meg einen Fußtritt gab. Er machte es mit voller Absicht. Sie brüllte vor Schmerz, und er trat sie gleich noch einmal.

»Laß das, John!« sagte ich. »Meinst du nicht, daß sie auch so schon genug Schmerzen auszustehen hat? Kein Grund, es noch schlimmer zu machen. Laß sie in Frieden.«

John hörte nicht auf, Meg zu traktieren. Meg hörte nicht auf, zu schreien und zu weinen. Mark versuchte immer noch, seine Zigaretten zu finden. Schließlich sagte Meg, sie wolle weg von John, und Brad und ich halfen ihr zum Heck zurück. Sofort begann Mark zu quengeln, daß er jetzt an der Reihe sei, in den Bug aufzurücken. Während Brad und ich Meg zu ihrem alten Platz zurückhalfen, hörte ich ein seltsames Geräusch. Ich drehte mich um und konnte gerade noch erkennen, wie John am Bug die Gummischlaufe losriß, an der die Wurfleine, die man beim Anliegen benutzte, am Schlauchboot befestigt wurde.

Brad und ich schrien John an, aber er riß das Gummiauge glatt ab und warf es ins Wasser, um sich dann wieder ins Heck fallen zu lassen. Meine Knie wurden weich. Ich wußte, daß im nächsten Moment die Luft aus dem Schlauchboot zischen würde. In Panik kroch ich nach vorn.

»Wo willst du denn hin«, rief Mark, »jetzt bin ich an der Reihe!«

Ich ließ mich auf den Bugwulst fallen und tastete mit der Hand die Stelle ab, wo sich das Gummiauge befunden hatte. Vielleicht konnte ich das Loch noch irgendwie zustopfen, vielleicht gab es eine Chance. Zu meiner grenzenlosen Erleichterung schien aber alles noch intakt zu sein. Da war kein Loch, keine austretende Luft, nicht die geringste Beschädigung.

»Willst du uns alle umbringen?« schrie ich John an, aber ich sah, daß er nicht im geringsten ahnte, was er angerichtet hatte. Sein Blick war stumpf und erloschen. Er war Millionen von Meilen von uns entfernt. Ich wußte, daß er in großer Gefahr schwebte – vielleicht war es die Unterkühlung, vielleicht auch die Wirkung des Meerwassers, das er getrunken hatte.

Mark schubste mich beiseite, damit er den heißersehnten Platz im Bug einnehmen konnte. Ich kroch an die Stelle, wo Mark zuvor gesessen hatte. Meg kauerte wimmernd in der Ecke. Ich verfolgte mit Argwohn jede von Johns Bewegungen. Was würde er als nächstes anstellen? Mein Blick fiel auf die Luftventile am Heck. Bitte, bitte, er darf sie nicht bemerken! Ich beschwor ihn innerlich, woanders hinzuschauen.

Ich mußte mich ausstrecken. Meine Beine waren steif und verkrampft. Mark war wieder völlig mit der Suche nach seinen Phantomzigaretten beschäftigt. Er würde es wohl kaum bemerken, wenn ich mich für einen Augenblick lang machte. Ich streckte die Beine von mir und sah, wie geschwollen sie mittlerweile geworden waren. Auch die Salzwassergeschwüre hatten sich vergrößert. Meine Haut sah aus, als hätte jemand Zigarrenstummel darauf ausgedrückt. Einige der Geschwüre waren rot und heiß und näßten. Ich fragte mich, ob ich überhaupt noch in der Lage war, auf eigenen Füßen zu stehen, wenn wir wieder an Land kamen.

Plötzlich schoß ein sengender Schmerz mein Bein empor, schnitt durch meine Eingeweide und raste bis in mein Hirn. Schreiend fuhr ich auf und hieb mit der Faust in Marks Rücken.

»Du Mistkerl!« Er hatte an meinem verletzten Zeh gerissen, daß das Blut nur so spritzte.

»Warum kannst du bloß niemanden in Ruhe lassen!« brüllte Brad ihn an.

»Sie nimmt mir meinen Platz weg!« wehrte er sich. »Ich will meinen Platz zurück!«

Er drängte mich fort und kroch auf die linke Seite des Schlauchbootes. Brad und ich krochen wieder in den Bug. Ich ließ Mark und John nicht aus den Augen.

»Hey, John«, sagte Mark, »willst du 'ne Zigarette?«

»Klar! Hast du welche?«

»Dort drüben unter dem Tang.« Mark kam wieder zum Bug herüber.

»Mark, nun hör mir mal zu«, wandte sich Brad an ihn. »Hier gibt es weder Zigaretten noch Bier noch sonst etwas. Mann, wir sind mitten im Ozean.«

»Ich hab ein paar Sandwiches«, sagte John. »Willst du auch eins?«

Es war der reine Horror, mit ansehen zu müssen, wie Mark und John unentwegt mit ihren Zigaretten und Sandwiches weitermachten. Sie waren ersichtlich allen Ernstes davon überzeugt, daß sie soeben am Kiosk waren und dort allerlei erstanden hatten – als ob wir gerade mit dem Boot einen Tagesausflug machen würden. Sie waren zusammen und zur gleichen Zeit in eine andere Welt abgeglitten.

»Ja, wo sind sie denn?« schrie John und hob Tangbüschel auf, die er über Bord warf. »Ich weiß doch, daß sie hier waren!«

»Verdammt noch mal, wo sind meine Kippen?« herrschte Mark mich an. »Ich weiß, daß du sie genommen hast!« Er wollte auf mich losgehen, aber Brad hob schützend die Hand.

»Sie hat deine Kippen nicht!« brüllte er. »Laß Debbie in Frieden.«

Mark starrte uns böse an, dann fiel er kraftlos gegen den Seitenwulst des Schlauchboots. John kroch zu ihm, um sich neben ihm niederzulassen. Er sah ziemlich verstört aus.

Ich schlief ein. Es war ein unruhiger und gequälter, von Stimmen und Schreien widerhallender Schlaf. Ich hatte das Gefühl, ein Schatten sei über mein Gesicht gehuscht, und erwachte. Ich setzte mich auf. Die anderen schliefen. Die Nacht brach wieder herein. Die Wolken, die so lange die Sonne verborgen hatten, hatten sich verzogen. Ich wußte, daß diese Nacht kälter werden würde als die Nächte zuvor – die Wolkendecke hatte wenigstens ein bißchen Wärme unter sich gespeichert.

Endlich war es mir möglich, mit Sicherheit zu bestimmen, wo Westen lag. Ich versuchte mir einzureden, daß das auch die Richtung war, in die wir trieben. Ich betrachtete das Firmament, während wir über die Dünung westwärts glitten, dem Land, dem Leben entgegen.

Megs lautes Stöhnen ließ mich hochfahren. War ich wieder eingenickt? Der Osthimmel hatte inzwischen ein tiefes Dunkelblau angenommen, aus dem die Lichtpunkte einzelner heller Sterne funkelten. Am Westhorizont schimmerte immer noch das Abendlicht.

»Meg!« rief ich leise. Ich wollte nicht, daß John und Mark aufwachten.

Sie stöhnte erneut.

»Meg, möchtest du hier vorne sitzen? Du könntest wieder mal die Beine ausstrecken.«

»Ich möchte mich gern auf die Seitenwulst setzen«, sagte sie. John öffnete die Augen.

»Was ist los?« rief er alarmiert.

»Keine Aufregung, John!« sagte ich. »Meg muß sich bloß mal strecken. Sie möchte oben auf der Seite sitzen.«

John begann unverzüglich, Meg hochzuhelfen. Ich war erleichtert, als ich sah, daß er auf sie einging. Vielleicht war er wieder okay. Die Bewußtseinstrübung war nur vorübergehend gewesen.

»Ich habe nachgedacht«, sagte Meg, als sie endlich oben auf dem Seitenbord saß. »Wenn uns die Küstenwache zu deiner Mom fliegen will, dann soll's mir recht sein. Ich möchte einfach nur nach Hause.«

»Wir sind stracks auf dem Weg dahin«, sagte John.

»Normalerweise fliege ich ja nicht gern, aber –«

»Ja, ich weiß«, sagte John, »diesmal ist es was anderes.«

»Ja. Ich meine, wahrscheinlich ist Fliegen das Beste.«

Brad wachte auf und lauschte der Unterhaltung. Mark wurde unruhig. Ich spürte, wie ich vor Anspannung ganz starr wurde.

»Schaut, dort ist Westen«, sagte Brad. »Wir treiben eindeutig Richtung Küste. Wir werden garantiert irgendwann angespült.«

»Und wann, glaubst du?« fragte Meg.

»Morgen, vielleicht auch übermorgen.«

»Ich kann's gar nicht erwarten, die doofen Gesichter der Heinis von der Küstenwache zu sehen, wenn wir plötzlich bei denen auf der Matte stehen«, sagte Mark.

»Glaubt ihr, sie fliegen uns mit einem Privatflugzeug nach Hause, oder setzen sie uns in eine Verkehrsmaschine?« wollte Meg wissen.

»Ich bin immer noch nicht darüber hinweg, daß man uns hier draußen im Stich gelassen hat«, sagte ich. »Das ist noch nie vorgekommen.«

»John, was glaubst du: Privatflugzeug oder normale Verkehrsmaschine?«

»Gib jetzt endlich mal Ruhe mit den Flugzeugen«, zischte John. »Ich kann das Gerede von den Flugzeugen nicht mehr hören.«

»Ich dachte ja nur –«

»Es wird nicht geflogen! Das wäre geradezu blödsinnig! Ich hol' doch gleich das Auto für uns.«

»John, es gibt kein Auto«, sagte ich.

»Wir sind doch direkt vor Falmouth. Ich weiß genau, wo der Wagen steht. Ich geh ihn jetzt holen«, sagte er. »Ihr kümmert euch um das Boot, ich hole das Auto, und dann können wir umladen.«

Er wirkte so überzeugt, daß es mich Anstrengung kostete, mich gegen den Sog dieser Phantasiewelt zu wehren. Hatte er etwa recht? Waren wir direkt vor Falmouth? Aber warum ...? Nein, das konnte nicht richtig sein. Das konnte einfach nicht sein. Ich schloß die Augen und schüttelte heftig den Kopf, um wieder klar zu denken. Ich durfte den Kontakt mit der Wirklichkeit nicht verlieren. Als ich die Augen wieder öffnete, sah ich, daß John über den Seitenwulst des Schlauchboots geklettert war.

»Was machst du da?« schrien Brad und ich im selben Atemzug.

»Bin ja gleich wieder da«, erwiderte John in beiläufigem Ton.

»Und was ist mit den Haien?« warf Mark ein.

»John, wenn du aus dem Boot steigst, dann kriegen wir dich vielleicht nicht wieder hinein«, sagte ich. »Es ist schon fast dunkel. Komm doch wieder ins Boot.« Ich versuchte, mit ruhiger und gelassener Stimme zu sprechen. Ich hatte keine Ahnung, was John vorhatte und was in seinem Kopf vorging. Wollte er sich nur aufwärmen – oder dachte er wirklich, er sei schon so gut wie zu Hause?

»Mir reicht's jetzt«, sagte John. »Ich hole den Wagen.«

Brad und ich sahen uns an. Johns Hände glitten vom Wulst des Bootes herunter, und er fing an zu schwimmen. Einen Augenblick lang hielt er wassertretend inne und blickte zu uns zurück. Ich versuchte, an einen schlechten Scherz zu glauben. Meg flehte ihn an zurückzukommen und beschwor gleichzeitig uns, ihn wieder zurückzuholen.

»Soll ich hinterher?« fragte Brad.

Ich war unschlüssig. Wollte John wirklich mir nichts, dir nichts einfach so davonschwimmen?

»Soll ich?!« In Brads Stimme klang Panik durch. John wendete sich ab und begann, zügig vom Boot fortzuschwimmen.

Meg schrie auf. »John!«

»Du kannst ihm nicht hinterher, Brad«, sagte ich. Der Himmel spendete so gut wie kein Licht mehr. Es wäre kaum möglich gewesen, John gegen seinen Willen zum Boot zurückzuholen – und vermutlich war es auch ein selbstmörderisches Unternehmen. Was war, wenn Brad ins Wasser stieg und wir auch noch ihn verloren? Wir sahen alle zu, wie John fortschwamm. Meg, die Hände vor den Mund geschlagen, weinte und schüttelte den Kopf. John stieg mit der Dünung über einen Wellenberg und tauchte ein Stückchen weiter entfernt wieder auf.

»Soll ich hinterher?« fragte Brad noch einmal.

»Laß es«, sagte Meg tonlos. »Er ist fort.«

Eine mächtige Woge trug uns empor. Ich sah noch einmal Johns Kopf, der sich ein wenig von der dunklen See abhob. Und dann ließ uns ein entsetzlicher Schrei das Blut in den Adern gefrieren.

»Mein Gott, er ruft nach mir!« stieß Meg hervor und brach weinend zusammen.

Wir suchten das dunkle Wasser ab und hofften, John mit unseren Blicken noch einmal zu erhaschen.

Aber Meg behielt recht. John war fort.

KAPITEL 9

Jetzt waren wir nur noch zu viert. Ich sank gegen den Seitenwulst, barg den Kopf zwischen den Knien und fing an zu weinen. Der Todesschrei gellte immer noch in meinem Kopf. Es gab nichts außer diesem Schrei, kein Klatschen des Wassers, kein Scheppern meiner Zähne, nichts. Nie mehr würde ich etwas anderes hören als diesen Schrei. Die einzige Möglichkeit, mich von ihm zu befreien, bestand darin, kopfüber ins Wasser zu springen, den Schrei zu ertränken, zu ersticken, aus meinem dröhnenden Schädel zu spülen.

Ich mußte etwas unternehmen gegen den Schrei. Ich begann wieder, das Vaterunser herzusagen. Vater unser, der du . . . der du . . . der du . . . bist im Himmel . . .

Mark starrte mich an. Ich hatte vermutlich laut gebetet. Es kümmerte mich nicht. Die Worte kamen nur stockend, aber sie kamen, und der Schrei verhallte langsam. Solange ich diese Worte sprach, durfte ich meiner gewiß sein. Sie waren meine einzige Garantie, daß ich noch nicht verrückt geworden, noch nicht John in den Wahnsinn gefolgt war.

Irgendwann in dieser Nacht fragte ich Meg, ob sie sich zu mir setzen wollte. Sie sah mich so verstört an, daß ich den Eindruck hatte, sie wußte nicht mehr, wer ich war. Sie schien unter Schock zu stehen. Ich schlüpfte wieder unter die Spritzdecke im Bug. Brad lag wach.

»Meg ist sehr schlecht dran«, sagte ich.

»Ich weiß.«

»Ich paß auf dich auf, wenn du schlafen willst«, bot ich ihm an.

Brad schloß die Augen, und sein Gesicht entspannte sich. Ich dachte an seine Mutter. Sie mußte ihn tausendmal im Schlaf betrachtet haben – so wie ich es jetzt tat. Sie gehörte wahrscheinlich zu jenen Müttern, die einem die Wange streichelten, das Deckbett zurechtzupfen und dann solche Dinge wie »schlaf schön« sagten.

Ich dachte an die Jahre, die ich in Fort Worth verbracht hatte. Meine Mutter hatte sich damals gerade ein weiteres Mal scheiden lassen, und wir mußten umziehen. Ich war todunglücklich. Wieder einmal mußte ich, eine nach Anerkennung lechzende Mittelstufenschülerin, mitten im Schuljahr auf eine andere

Penne, mußte mich als die »Neue« bei den Mitschülern beliebt machen. In diesem Jahr schmiß ich meinen ersten LSD-Trip.

Meine Mutter war oft verreist. Wenn sie aus dem Haus war, wurde ich gewöhnlich bei einer befreundeten Familie untergebracht, bei Tante Skeet und Onkel Jim. Wir waren zwar nicht miteinander verwandt, aber sie behandelten mich wie ihr eigen Fleisch und Blut. Wenn ich über die Stränge schlug, und das war so gut wie immer, maßregelten sie mich mit der gleichen Konsequenz wie ihre eigene Tochter, Tisa, die damals meine beste Freundin war. Und ich glaube, sie liebten mich auch genauso. Im Geiste sah ich das klare Gesicht von Tante Skeet und ihre sanften Augen, und ich hörte ihre Stimme. Sie war jemand, der »schlaf schön« zu einem sagte.

Das Schlauchboot machte eine plötzliche Schlingerbewegung. Im Boot hatte sich jemand heftig bewegt. Brad erwachte stöhnend und drehte den Kopf.

»Hey, Fräulein«, hörte ich Mark zu Meg sagen. Ich hielt den Atem an. »Ich glaube, wir sollten jetzt endlich mal bumsen.«

Brad riß die Augen auf. Auch er hatte es gehört.

»O mein Gott«, flüsterte ich. »Wir müssen etwas tun!«

»Langsam. Laß uns abwarten, wie sie reagiert«, sagte Brad.

Wir spähten in die Dunkelheit und versuchten zu erkennen, was vorging. Meg kauerte immer noch am Heck des Bootes in der Ecke. Ich sah, wie Mark die

Hand ausstreckte und ihr Gesicht berührte, dann fummelte er an ihrem verfilzten Haar herum. Sie begann zu weinen. Mark zog die Hand abrupt zurück. »Ach, leck mich, leck mich doch«, sagte er. »Für blöde Spielchen hab ich keine Lust mehr. Ich geh jetzt noch mal Zigaretten holen.«

Brad und ich krochen aus der Bugtasche. Mark schwang sich währenddessen über den Seitenwulst ins Wasser.

»Halt, Mark!« rief Brad.

»Ich geh nirgendwo hin«, sagte Mark. »Ich will doch nur ein bißchen hier an der Bordwand hängen und die Beine baumeln lassen.« Seine Stimme war von einer furchteinflößenden Gelassenheit.

Ich sah seine bleichen Hände, die sich auf dem Seitenwulst Schlag um Schlag zum Bug hin bewegten. An der Spitze des Schlauchbootes befand sich ein metallener Handgriff. Beabsichtigte er, nach vorne zu kommen, um sich daran festzuhalten? Eine plötzliche Eingebung ließ es mir eiskalt den Rücken hinunterlaufen.

»Brad, sind da vorne vielleicht irgendwelche Ventile? Glaubst du, daß er am Ende die Luft rauslassen will?«

Wir stürzten beide nach vorne, um zu sehen, was Mark dort trieb. Ich lehnte mich über die Backbordseite, aber ich konnte ihn nirgendwo erblicken. Brad hielt an Steuerbord Ausschau – keine Spur von Mark. Jetzt geriet ich erst recht in Panik. Was hatte er vor? Wollte er das Boot zum Sinken bringen? Oder zum

Kentern? Welche Teufelei war ihm jetzt wieder eingefallen? Ich würde den Kerl umbringen, wenn er sich an den Ventilen zu schaffen machte.

Brad packte überraschend mit der Hand ins Wasser. Als er sie wieder herauszog, zappelte ein Drükkerfisch zwischen seinen Fingern.

»Ich hab ihn!« rief er. »Da unten ist ein ganzer Schwarm. Ich hab einen erwischt!«

Ich mochte es kaum glauben. Brad hatte mit bloßen Händen einen Fisch gefangen!

»Was sollen wir jetzt mit ihm machen?« fragte er.

»Ausnehmen«, sagte ich, »und dann essen.«

»Und wie?«

Ich hatte einmal gesehen, wie mein Onkel einen Fisch ausnahm, indem er den Finger in die arme Kreatur bohrte, um ihr dann den Bauch aufzureißen.

»Gib her«, sagte ich. Brad reichte mir den Fisch herüber, aber unsere glitschige Beute rutschte mir durch die Finger, und der Fisch klatschte auf den Boden des Schlauchboots. Wir versuchten hektisch, ihn wieder einzufangen. Brad schnappte ihn und hielt ihn mir hin. Ich trieb einen Finger in den weichen weißen Fischbauch und pflückte die Innereien heraus. Dann warf ich die blutigen Eingeweide über Bord und hielt Brad den immer noch zuckenden Fisch vor die Nase.

»Na los!« sagte er.

Ich versuchte, von dem Fisch etwas abzubeißen, aber mein Mund tat so weh, und meine Zähne waren so empfindlich, daß ich noch nicht einmal durch seine Haut kam. Ich gab Brad den Fisch, damit er sein

Glück versuchen konnte, aber auch Brad schaffte es nicht, ein Stück davon abzubeißen. Der Fisch war einfach zu zäh, und wir waren zu schwach. Brad warf ihn voller Zorn wieder ins Wasser. Ich konnte die Tränen nicht mehr zurückhalten. Da hatten wir Nahrung und konnten sie nicht essen!

Plötzlich bekam das Boot einen heftigen Stoß. In unserer Aufregung wegen des Fischs hatten wir Mark ganz vergessen.

»Was macht der Kerl da?« schrie ich, während wir einen neuen Stoß erhielten. »Laß den Mist, Mark!«

»Mark!«

Wir beugten uns über den Außenwulst des Schlauchbootes und suchten nach Mark, aber er war nirgendwo zu sehen. Wir tasteten überall nach seinen Händen. Er trieb sein Spiel mit uns! Das Boot drehte sich auf der Stelle. Er wollte uns umbringen! Trotz der Dunkelheit konnte ich ungefähr drei Meter links neben dem Boot einen Wasserwirbel ausmachen. Dann gab es wieder einen Ruck, und ich merkte, wie etwas unter unserem Kiel entlangschrubbte. Ein neuerlicher Stoß trieb das Boot voran.

Haie griffen uns an! Ich sah mein Ende kommen. Die Zeit stand still. Ich hörte Megs wahnsinnige Schreie. Ich sah das Grauen in Brads Augen. Ich fühlte das Scheuern von rauher Haut am Boden unseres Bootes. Der Bug wurde emporgehoben und klatschte wieder zurück. Das Boot wirbelte herum. Ich war vor Entsetzen wie gelähmt.

Brad packte mich und warf mich auf den Boden.

Wir klammerten uns aneinander, während die Haie ihre wütenden Angriffe fortsetzten. Sie bedrängten unser Boot von allen Seiten. Sie wußten, daß wir hier waren, und wollten uns herausscheuchen. Es wurde unerträglich – das Scheuern der Haifischhaut, die Stöße, das aufgewühlte Wasser, die Schreie. Ich wollte mein Bewußtsein abschalten, wollte irgendwohin, wo es keine Haie gab, kein brodelndes Wasser, kein Entsetzen.

Was für ein Gefühl würde es sein, wenn die Zahnreihen eines Haies meine Beine packten? Was würde passieren, wenn ich nicht sofort tot war? Wie wäre es, wenn ich lange genug am Leben blieb, um zu spüren, wie sie mir das Fleisch Stück für Stück von den Knochen rissen? Wenn ich zusehen müßte, wie die Haie Brad vor meinen Augen zerfetzten? War es da nicht besser, einfach hineinzuspringen? Es schnell hinter sich zu bringen? Lieber einen schnellen Tod, als untätig hier zu liegen und darauf zu warten, daß sich das erste zischende Loch auftat, darauf zu warten, daß das pralle Gummi plötzlich schlapp wurde und der Boden unter uns wegsackte. Ich war diesem Warten, diesem totalen Horror keine Minute länger gewachsen.

Ich klammerte mich an Brad und empfand eine tiefe Traurigkeit. Es war vorbei. Kein Mensch würde je erfahren, wie ich gestorben war, wie lange ich gekämpft und durchgehalten hatte, wie sehr ich mich angestrengt hatte, wie gerne ich leben wollte. Niemand würde je erfahren, daß ich hier draußen etwas in mir entdeckt hatte, das mir nie zuvor aufgefallen war. Ich hatte in mir Stärke und Kraft entdeckt. Ich schloß die Augen, betete und wartete auf mein Ende.

Dunkelheit. Wasser klatscht gegen Gummi. Stetiges Auf und Ab. Etwas bewegt sich unter dem Boot. Haie! Irgendwie war ich trotz der hämmernden Stöße eingeschlafen. Die Haie waren immer noch da. Ich fühlte, wie eine der Bestien zögernd einen neuen Anlauf nahm, um herauszubekommen, ob noch frisches Fleisch auf sie wartete, ob es noch einen Grund gab, in der Nähe zu bleiben.

Auch Brad hatte die Augen geöffnet und verfolgte angespannt, wie die Haie weiter gegen unser kleines Schlauchboot stießen.

»Ich muß mich aufsetzen«, sagte er unvermittelt. »Ich kann einfach nicht mehr hier liegen.«

»Sie sind aber noch da«, sagte ich.

»Trotzdem. Ich halt's nicht mehr aus«, gab Brad zurück. »Mark –«

»Ich weiß. Sie haben ihn geholt.«

»Sieh mal, er war verheiratet . . .«

»Sag bloß!«

»Sie lebten getrennt. Er wurde nicht damit fertig«, sagte er.

Auf einmal rief Meg nach John. Brad rutschte zu ihr hinüber. Ich fühlte mich allein und verlassen vorne im Bug, aber gleich darauf befiel mich ein schlechtes Gewissen wegen solcher Empfindungen. Meg brauchte Brads Körperwärme viel dringender als ich. Wieder zog ein Hai langsam und prüfend am Schlauchboot vorbei. Übelkeit schüttelte mich.

»Es wird Zeit zu gehen«, sagte Meg plötzlich. »Wir sind da.« Ihre Stimme klang völlig unbeschwert.

»Wo sind wir?« fragte Brad.

»Wir sind da. Zu Hause. Ich geh jetzt nach Hause.«

»Meg, dazu ist es noch zu früh«, sagte ich. »Wir müssen noch eine Weile warten. Komm doch her. Was hältst du davon, wenn wir uns bis dahin alle zueinanderlegen und uns gegenseitig ein bißchen wärmen?«

Sie kam zu uns gekrochen, ohne daß Brad ihr helfen mußte. Sie bewegte sich ohne sichtbare Anstrengung, beinahe graziös. Sie schien gar nicht zu bemerken, daß unser Boot von Haien herumgeboxt wurde. Sie legte sich hin, streckte sich aus und seufzte wohlig, als räkelte sie sich an einem warmen Strand. Brad und ich schmiegten uns von rechts und links an sie. Ich versuchte, nicht an ihre Beine zu kommen – ich wollte ihr auf keinen Fall weh tun –, aber durch die unvermittelten Bewegungen des Bootes stieß ich doch einige Male gegen sie. Seltsamerweise gab sie keinen Laut von sich. Ich hatte den Eindruck, als würde sie überhaupt nichts davon spüren.

Wir lagen mehrere Stunden beieinander. Endlich schienen sich auch die Haie verzogen zu haben. Das Wasser war wieder ruhig. Ich betrachtete das Firmament und versuchte, einen Planeten zu finden oder Sternbilder auszumachen. Die Sterne konnten uns vielleicht einen Fingerzeig geben, in welche Richtung und mit welchem Tempo wir trieben. Ich merkte aber bald, daß ich mich nicht mehr orientieren konnte und auch nicht mehr wußte, wo man sich die Verbindungslinien zwischen den Leuchtpunkten zu denken hatte. Dinge, die ich einmal gekonnt hatte – wie man die Venus am Nachthimmel auffindet oder das Sternbild des Kleinen Bären zusammensetzt – schienen aus meinem Gehirn ausradiert zu sein. Nach und nach fielen immer mehr Türen endgültig ins Schloß. Die Abstumpfung setzte ein.

»Ich bin soweit. Laßt uns jetzt gehen.« Meg versuchte sich aufzusetzen, aber Brad und ich zogen sie wieder zurück.

»Meg, es ist noch zu früh», sagte ich.

»Nur noch eine kleine Weile«, fügte Brad tröstend hinzu.

Ich schloß wieder die Augen. Sogleich trieb ich in einem Meer aus Farben und Licht. Warum gaben mir meine Augen soviel mehr zu sehen, wenn sie geschlossen waren? Auf dem schwarzen Bildschirm meines Gehirns blitzte ein Stakkato von Bildfetzen auf, aneinandergeschnittene Fragmente von Menschen und Örtlichkeiten, die zu einem Film mit rasenden Bildwechseln zusammenkopiert waren. Es war, als stünde jemand mit einem Kartenspiel vor mir, und jede einzelne Karte war mit einer Szene aus meinem Leben bebildert. Die Karten schwirrten an mir vorbei, immer schneller, bis das Bild, das sie trugen, kaum mehr zu erkennen war.

Da war meine Mutter in einem raffinierten rosa

Kleid, dann eine Viehherde in einer Staubwolke. Ich sah Ratten in einer Kornkiste, einen hohen, duftenden Pfirsichbaum, eine tickende Standuhr. Es gab den Geruch von Sattelleder und Schweiß, von Gin und Erbrochenem. Ein weißer Wagen, der auf schwarzem Eis schleuderte, eine Phiole mit LSD, die Linien von Kokainpulver auf einem zerbrochenen Spiegel.

Da war ein mageres Mädchen, das immer dachte, es sei zu dick, eine reiche Göre, die glaubte, stets zu kurz zu kommen, ein hungriges Kind, dem Nahrung widerwärtig geworden war, ein Mädchen, das viel herumgekommen war und sich nichts sehnlicher wünschte, als zu Hause bleiben zu dürfen – nein: ein Zuhause zu haben. Das Mädchen war ich, und es war mein Leben – mein wundersam verkorkstes Leben. Ich wollte weitere Karten sehen.

Brad brüllte wie am Spieß. Ich hatte geschlafen und tastete nach Meg. Sie war nicht mehr neben mir. Ich schlug die Augen auf. Sie hockte auf Brad und bearbeitete ihn, wie ein tollwütiger Hund bösartig knurrend, mit Zähnen und Klauen. Jetzt schleuderte sie ihm Tang ins Gesicht. Brad schrie zuerst Meg an, dann rief er um Hilfe nach mir. Ich versuchte, Meg zu packen. Sie ließ von Brad ab und ging auf mich los. Als ich mich wegduckte, fiel sie wieder über Brad her. Ich rief laut ihren Namen und gab ihr eine Ohrfeige, aber sie war nicht zu beruhigen. Brad stieß sie hart von sich, so daß sie rückwärts ins Heck fiel.

»Bleib mir von der Pelle!« schrie er. Sein Gesicht

war gerötet, und er keuchte. »Was ist nur mit ihr los?« sagte er ratlos.

Kopfschüttelnd betrachtete ich Meg. Sie bebte am ganzen Körper und gab seltsame, gutturale Laute von sich.

»Meinst du, sie hat auch Salzwasser getrunken?« fragte ich.

»Ich wollte sie doch nur wärmen!« rief Brad aus. Auch er zitterte.

»Laß sie in Ruhe«, sagte ich. »Das ist wahrscheinlich das Beste.«

Brad und ich legten uns wieder zusammen hin. Meg beruhigte sich langsam. Ich schlief allmählich ein. Einige Zeit später wurde ich wach und spürte sofort, daß sich etwas verändert hatte. Die Benommenheit und der Nebel in meinem Gehirn waren verflogen. Ich sah alles ganz klar, begriff alles bis ins letzte. Da waren die Sterne, das Wasser, die beiden anderen Leiber in unserem Boot. Da war die gewaltige, erbarmungslose Welt. Da waren Verlassenheit, Angst, Kälte, der Eiterhauch von Megs Wunden. Der Himmel! – sagte ich zu mir selbst. Sieh nur, der Himmel! Dort wohnt Schönheit.

Ich wußte, daß Meg bald sterben würde. Und, Gott möge mir vergeben, es war ein erleichternder Gedanke. Sie war unser letzter Schwachpunkt. Wenn Meg gestorben war, gab es nur noch Brad und mich. Dann begann ein neues Spiel, bei dem wir uns mit nichts anderem zu befassen brauchten als einzig und allein mit unserem Überleben.

In diesem Moment wußte ich mit verblüffender, absoluter Gewißheit, daß ich noch nicht sterben würde.

Ich kroch in den Bug des Bootes und legte mich zu Brad. Seine Augen waren offen. Ob die Haie seiner Meinung nach wohl fort waren, wollte ich von ihm wissen. Er sagte »weiß nicht« und machte die Augen zu. Mit jeder rollenden Bewegung des Bootes geriet sein Gesicht in eine heranschwappende Woge des Faulwassers. Ich wollte hier bei ihm bleiben und über seinen Schlaf wachen, darauf achten, daß er nicht in dieser Jauche ertrank.

Meg murmelte etwas vor sich hin. Ich kroch aus der Bugkammer hervor, um nach ihr zu sehen. Ich sprach sie an. Sie schien mich überhaupt nicht wahrzunehmen.

»Meg«, rief ich, diesmal etwas lauter. »Bist du in Ordnung?«

Sie hob die Hände und begann, mit nervösen Fingerbewegungen wie eine Flamencotänzerin Figuren in die Luft zu zeichnen. Ihre sonderbaren Bewegungen waren von graziöser Rastlosigkeit. Dann begann sie wieder zu sprechen, leise und monoton. Für mich klangen ihre Worte fremdartig und unverständlich, aber für sie selbst schienen sie sehr wohl eine Bedeutung zu haben. Es war, als ob sie sich mit dem Bewohner einer anderen Welt im Gespräch befände. Ich sprach sie noch einmal an, aber sie reagierte nicht auf mich.

Dann griff ich hinter mich und schüttelte Brads Hand.

Er fuhr hoch. Gemeinsam beobachteten wir Meg. Sie wirkte ruhig und kontrolliert. Ihre Worte strömten gleichmäßig dahin wie ein sommerlicher Bach. Ich hatte früher schon einmal etwas Ähnliches gehört, aber ich kam nicht darauf, wo das gewesen war.

»Was sagt sie denn?« fragte Brad verwundert, mit weit aufgerissenen Augen.

Ich schüttelte den Kopf. Wo hatte ich so etwas schon einmal gehört? Wo war das nur gewesen?

Es war ein heißer Sommertag in Texas. Ich befand mich in einem großen, stickigen Zelt. Man hatte Reihen von Klappstühlen aufgestellt. Großmutter Queenie war da, und ich trug ein Kleidchen und sang vor versammelter Mannschaft »America the Beautiful«. Ein Prediger trat auf. Eine alte Frau mit vollen Oberarmen und glatter Haut begann mit lauter Stimme in einer Sprache zu reden, die ich noch nie zuvor gehört hatte. Die anderen Menschen im Zelt waren verstummt und wendeten sich lauschend der Frau zu. Einige hoben die Hände gen Himmel. Andere wurden von Tränen übermannt. Ich klammerte mich angstvoll an Großmutters Hand.

»Was macht die Frau?« hatte ich Großmutter gefragt.

»Sie redet in Zungen, mein Kind!« hatte sie geantwortet. »Lobet den Herrn!«

»Sie redet in Zungen«, erklärte ich.

»Was bedeutet das?« wollte Brad wissen.

»Ich weiß es nicht.«

Was wir auch sagten oder taten, Meg war durch nichts zu beirren. Sie bewegte sich offensichtlich ohne Schmerzen und ungehemmt. War es Gott, der sich durch ihren Mund offenbarte? Oder sprach sie mit Gott – in einer Sprache, derer nur die Sterbenden kundig sind? Ich war fasziniert und angewidert zugleich.

Nach einiger Zeit versiegte der Fluß ihrer Rede. Sie legte sich flach auf den Boden des Dingi. Ihre Hände vollführten weiterhin seltsam flatternde Bewegungen, und ihre Beine zuckten vor und zurück. Dann begann sie wieder zu stöhnen, als ob die Schmerzen zurückgekehrt wären.

»Was sollen wir nur machen?« sagte ich zu Brad, während ich die Tränen hinunterschluckte. »Ich glaube, sie stirbt uns jeden Moment.«

»Überhaupt nichts können wir machen.«

Meg stöhnte noch ein paar Minuten, dann war sie verstummt. Ihre Augen standen offen, aber der Blick war glasig. Ihr Körper folgte widerstandslos den Bewegungen des schmutzigen Wassers, das träge in unserem Boot herumschwappte.

Ich erwachte. Die Sonne schien mir ins Gesicht. Brad saß neben mir und starrte auf Meg. Ihr Körper war steif geworden. Ihre Haut war mit sternförmig auslaufenden bläulichen Flecken und tiefen Geschwüren übersät. Manche der Geschwüre maßen bis zu zehn Zentimeter im Durchmesser. Um die tiefsten und am stärksten vereiterten Wunden herum war das Fleisch hart und blaßgrün geworden.

»Ist sie tot?« fragte ich und wußte doch schon die Antwort. Brad blieb stumm. Um zu sehen, ob sie noch atmete, beugte ich mich über ihr Gesicht. Ich griff nach Megs Handgelenk und suchte ihren Puls, aber nichts war zu spüren. Ich preßte meinen Mund auf ihren und atmete aus, versuchte Leben in sie einzuhauchen.

»Deb, sie ist tot«, sagte Brad. »Seit Stunden schon.«

»Oh, mein Gott.«

Seid verflucht, wollte ich schreien. Seid alle verflucht, die ihr um mich herum gestorben seid! Das Boot schaukelte, und Megs Leiche bewegte sich.

»Was machen wir denn jetzt mit ihr?« Brad sah mich mit feuchten Augen ratlos an.

»Ich weiß nicht. Wir sollten sie jedenfalls nicht zu lange im Boot liegen lassen. Was denkst du?«

»Ich glaube, selbst wenn wir wollten, könnten wir sie nicht essen«, sagte Brad. »Sie ist viel zu ... Ich meine, die Geschwüre und das alles ...«

Was sollte man noch sagen? Ich war keiner Empfindung mehr fähig. Ich hatte nicht einmal mehr die Kraft zu weinen. Ich lehnte mich gegen die Seite des Bootes und schloß die Augen. Ich mußte meine Gedanken eine Weile treiben lassen.

Auf einmal fühlte ich mit aller Deutlichkeit die Sonne auf meiner Haut. Ich merkte, daß meine Zähne zum erstenmal, seit die »Trashman« gesunken war, nicht mehr klapperten. Ich spürte, wie das Schlauchboot leicht über die mächtig rollende Dünung glitt. Ich öffnete die Augen.

»Ich glaube, wir müssen sie über Bord befördern«, sagte ich. »Die Vorstellung gefällt mir zwar nicht, aber ...«

»Eine andere Möglichkeit haben wir ja nicht.«

»Wir sollten ihren Schmuck an uns nehmen und ihrer Familie übergeben«, schlug ich vor.

»Und ihr Hemd. Wir werden es brauchen, wenn wir noch länger hier draußen sind.«

Wir saßen eine Minute lang reglos da, dann begannen wir, gemeinsam den Schmuck von Megs Leiche zu entfernen. Ich nahm ihr die goldenen Ohrringe ab, und Brad hakte die Goldkette los. Schwierig war es, die Ringe von den geschwollenen Fingern zu ziehen.

»Ich kann den Ring nicht abkriegen«, sagte Brad.

»Du mußt fester ziehen«, erwiderte ich, wobei ich ziemlich gewaltsam einen Ring von Megs linker Hand herunterzerrte.

»Ich kann nicht.«

»Reiß ihn ab!« raunzte ich Brad an. Ich hatte genug. Ich wollte es hinter mich bringen.

Ich öffnete die Knöpfe von Megs Hemd, und Brad half mir, es abzustreifen. Meg hätte nicht sterben müssen. Sie hätte überhaupt nicht hier zu sein brauchen. John hatte sie hier herausgeschleppt.

»Laß es uns zu Ende bringen«, sagte Brad.

»Wir sollten ein Gebet sprechen oder irgendwas. Wir können sie doch nicht einfach so reinwerfen.«

»Sag du etwas.«

Ich holte tief Luft. »Der Herr ist mein Hirte. Nichts wird mir fehlen.« Ich konnte nicht mehr weiter. Brad berührte meine Hand. Dann, nunmehr mit fester Stimme, fuhr ich fort. Zusammen sprachen wir das Vaterunser, und als wir damit fertig waren, hoben wir Megs Leichnam auf den Seitenwulst des Bootes. Dann schoben wir sie ins Wasser. Mit dem Gesicht nach unten trieb der leblose Körper davon.

»Sieh ihr nicht nach«, sagte ich. »Es könnten noch Haie in der Nähe sein.«

Wir legten uns wieder ins Boot und schlossen die Augen. Ich hatte Angst vor dem Geräusch, das zu hören uns vielleicht bevorstand. Ich fühlte mich, als hätte ich soeben eine unverzeihliche Scheußlichkeit begangen. Aber was hätten wir anderes tun sollen?

Meine Tante war ums Leben gekommen, als ihr Wagen mit einem Zug zusammenstieß. Ich erinnerte mich, daß es nach ihrem Tode in unserer Familie hieß, der Tod käme immer dreifach. Kurz darauf endete einer meiner Verwandten auf dem elektrischen Stuhl, und ein Freund unserer Familie starb an Krebs.

Ich wollte anfangen, es Brad zu erzählen, aber dann ließ ich es doch lieber sein. Brad sollte nicht denken, ich sei verrückt geworden.

KAPITEL 10

»Ist hier jemand dabei, der segeln kann? Hand heben!«

»Ich, ich!« Ich strecke die Hand in die Höhe, obwohl ich keinerlei Ahnung habe.

»Also gut, Debbie«, sagt unser Trainer. »Du nimmst jetzt mit Betsy die erste Jolle am Ende des Bootsstegs. Bleibt aber in Sichtweite von unserem Sommerlager.«

Ich lege ab und ergreife die Ruderpinne. Der Wind mit dem frischen Moschusgeruch eines Süßwassersees ist heiß und stark und bläht unser Segel. Wir fliegen dahin. Die Anlegestelle bei unserem Lager wird kleiner und kleiner. Eine gewaltige Gewitterwolke türmt sich vor der Sonne auf. Ich weiß nicht, wie man mit einem Segelboot umgeht. Betsy fängt an zu weinen.

Wir sehen zwei Mädchen am Ufer und rufen. Das Boot wird immer schneller. Ich kann die Schot nicht loslassen. Die Mädchen drehen sich um und laufen zurück in den Wald.

»Sie haben uns nicht gesehen«, heult Betsy. »Wir werden umkommen!«

»Schrei um Hilfe, Betsy. Schrei!«

»Debbie, wach auf.« Jemand schüttelte mich. Es war Brad. »Debbie!«

»Ich habe davon geträumt, wie ich im Sommerlager das allererste Mal gesegelt bin«, sagte ich. »Wir wußten nicht mehr, wo wir waren, und es gab einen Gewittersturm. Kein Mensch hatte eine Ahnung, wo wir steckten, niemand hatte uns gesehen. Es war fürchterlich.«

»Ich habe auch schon solche Träume gehabt«, sagte Brad leise. Er war ganz blaß. Plötzlich schüttelte ihn ein Würgekrampf. Er warf sich nach vorne, konnte sich aber nicht erbrechen. Am Seitenwulst sank er in sich zusammen.

»Was ist mir dir?«

»Ich weiß nicht. Das geht jetzt schon eine ganze Weile so.« Wieder beugte er sich vornüber und würgte. Mein Gott, jetzt stirbt Brad auch noch! Nein, so etwas durfte ich nicht einmal denken. Schnell, richte deine Gedanken auf etwas anderes, irgend etwas anderes, egal, was! Brad und ich sind zusammen. Er wird nicht sterben. Wir werden durchkommen.

»Wir sollten unser Boot auswaschen«, schlug ich vor.

»Ich schaff das nicht.«

»Du schaffst es.«

»Ich muß jetzt erst mal eine Weile ganz ruhig hier sitzen.«

»Es wird dir aber gleich viel besser gehen, wenn wir das Boot saubermachen. Wahrscheinlich ist es der Geruch, wovon dir übel wird. Jetzt, wo die Sonne scheint, wird es nur noch schlimmer.«

»Schlag's dir aus dem Kopf.«

»Macht es dir denn nichts aus, daß Meg tot in dieser Brühe gelegen hat, in der wir jetzt sitzen?«

»Im Moment möchte ich das Boot nicht auswaschen. Wir haben gerade erst Meg über Bord gehen lassen, und ich will jetzt nicht ins Wasser. Laß mich. Ich fühle mich miserabel. Ich glaube, mit mir geht's zu Ende.«

»So etwas darfst du nicht sagen«, rief ich aus. »Du stirbst schon nicht. Komm, laß uns jetzt schleunigst das Boot umdrehen.«

»Und die Haie?«

»Wir haben schon seit Stunden keinen Hai mehr gesehen. Und wenn welche da wären – dann hätten sie sich doch Meg geholt, glaubst du nicht auch? Wenn du willst, dann steck ich meinen Kopf ins Wasser und sehe nach. Los, halt mich an den Beinen.«

»Nein.«

»Halt mich an den Beinen!«

Er kam herangerutscht.

»Wenn ich zu zappeln anfange, dann ziehst du mich sofort heraus! Klar?«

Ich legte mich bäuchlings über den Seitenwulst. Brad packte meine Beine, und ich steckte den Kopf ins Wasser. Ich öffnete die Augen. Zuerst brannte das Salzwasser, aber ich bekam schnell klare Sicht. Ich schaute unter unser Boot und erschrak, als ich einen großen Fisch auf mich zuschwimmen sah. Es war aber kein Hai. Der Fisch war eher rundlich und schimmerte wie ein silbriger Regenbogen im blauen Wasser. Dann sah ich einen zweiten und noch einen. Ich erkannte die Fischart – es waren Doraden, die zu den vorzüglichsten Speisefischen überhaupt gehörten. Ein ganzer Schwarm dieser Fische zog unter uns vorbei. Ich hatte noch nie etwas so Schönes, Perfektes und Graziöses gesehen. Ich zappelte mit den Beinen, damit Brad mich wieder nach oben zog.

»Da unten ist ein riesiger Schwarm Doraden«, platzte ich heraus. »Sie sind unglaublich, wie lauter Regenbogen. Du mußt sie dir unbedingt ansehen. Komm, ich halte dich an den Beinen fest.«

»Ich habe keine Lust, sie mir anzusehen«, sagte Brad.

»Aber sie sind unglaublich schön!«

»Wenn wir das Boot auswaschen wollen, dann laß uns voranmachen, damit wir es hinter uns bringen«, sagte er.

Ich glitt ins Wasser. Als ich wieder hochkam, sah ich, wie Brad sich auf der Steuerbordseite rückwärts über den Rand ins Wasser fallen ließ. Ich griff nach der außen umlaufenden Rettungsleine, Brad tauchte unter das Boot und versuchte es hochzudrücken. Ich zerrte an der Leine, aber das Schlauchboot wollte nicht herüberkippen. Die Sache war auf einmal nicht mehr so einfach wie vor ein paar Tagen noch. Hoffentlich waren wir inzwischen nicht zu schwach geworden. Nach einem gewaltigen Stoß von Brad schlug das Boot dann doch um. Ich tauchte nach innen und spritzte Wasser gegen den Boden, um den groben Schmutz von den Planken zu spülen.

Ich mußte daran denken, wie wir in der ersten Nacht wie die Sardinen zu fünft hier unten gehangen hatten. Wie konnte es nur möglich sein, daß die drei anderen alle schon tot waren? Ich tauchte wieder unter die Wasseroberfläche und öffnete die Augen. Ich sah, wie die Doraden das Weite suchten, und es tat mir leid, daß wir die Tiere verscheucht hatten. Ich wünschte mir, daß sie wieder zu uns herankämen. Ihre Nähe schien mir sehr bedeutungsvoll.

»Okay«, rief ich, als ich nach draußen durchgetaucht war, »wir können es jetzt wieder umdrehen.«

Brad hob das Boot an seiner Seite an, und ich zerrte an meiner Seite, aber wir mochten heben und zerren, wo und wie wir wollten, wir konnten das Boot nicht wieder zurückkippen. Keiner von uns beiden hatte die Kraft, es noch einmal aufzurichten.

»Das war deine Idee«, sagte Brad zornig. »Am Ende kriegen wir es überhaupt nicht mehr umgedreht!«

Ich fing an zu weinen.

»Nun heul nicht«, sagte Brad. »Überleg dir lieber, wie wir mit dem Boot zurechtkommen.«

Wieder und wieder versuchten wir unser Glück. Schließlich gelang es mir, die Leeseite des Bootes auf Brad zuzuschieben, der gleichzeitig die Luvseite anhob. Das Schlauchboot drehte sich und knallte mit der Unterseite auf meinen Kopf. Ich umklammerte die Rettungsleine und preßte, an der Außenwand hängend, meine Wange gegen die harte Gummiwandung.

»Steig jetzt ein«, drängte Brad.

Ich hielt mich an der Leine fest, und Brad gab mir einen Schubs nach oben. Ich zog und zappelte und stöhnte, und schließlich gelang es mir, mich über den Seitenwulst ins Boot hineinzuwälzen. Nun packte Brad die Leine und versuchte sich hineinzuhieven, aber er kam nicht weit genug aus dem Wasser. Ich wollte ihn an den Armen hochziehen, aber er war mir schlichtweg eine Nummer zu schwer. Ich bekam ihn keinen Fingerbreit nach oben. Wir versuchten es immer wieder. Langsam geriet ich in Panik. Was war, wenn jetzt die Haie angriffen, und Brad kam nicht rechtzeitig ins Boot? Was war, wenn er überhaupt nicht mehr ins Boot kam? Ich zog mit all meiner Kraft. Brad rutschte mir aus den Händen und klatschte zurück ins Wasser. Ich fiel nach hinten und brach in Tränen aus.

»Debbie, aufhören! Du mußt mir helfen!«

Ich schluchzte so sehr, daß mein ganzer Körper bebte. Warum immer ich? Warum mußte immer ich den Nothelfer spielen? Nichts, gar nichts konnte ich ausrichten!

»Verdammt noch mal, hilf mir!« schrie Brad. Ich schluchzte noch mehr. Ich haßte mich selbst. Ich haßte mich, weil ich Brad dazu überredet hatte, das Boot zu verlassen. Ich haßte Brad, weil er es nicht schaffte, wieder ins Boot hineinzukommen. Wir mußten es noch einmal probieren.

Ich kroch quer durchs Boot zu Brads Seite hinüber. Er legte seine Arme über den Seitenwulst, ich packte ihn an den Gürtelschlaufen seiner Blue jeans und zerrte und schrie, bis er sich schließlich irgendwie über den Seitenwulst arbeitete und ins Boot plumpste. Keuchend lag er auf den Planken, und ich sank gegen das Heck.

»Oh, Scheiße«, japste er schwach, rollte auf die Seite und erbrach sich. Brad in diesem Zustand zu sehen war ein vernichtender Schlag für mich. Er hatte mir Kraft und Stabilität gegeben. Ich hatte mein Leben an seines geknüpft, mein Überleben mit dem seinen verbunden. Wenn er starb – was wurde dann aus mir?

Ich wurde wütend auf mich selbst, weil ich mich von ihm abhängig gemacht hatte. Sein Tod würde mich noch mehr schwächen, noch verwundbarer machen.

»Ich schaff es nicht mehr«, stieß Brad hervor.

»Sag so etwas nicht. Du darfst so etwas nicht sagen.«

Schweigend saßen wir ein paar Minuten da. Das Boot wiegte sich in der leichten Dünung, die Sonnenstrahlen spielten im Wasser. Die Schönheit dieses blauen Tages war ein einziger Hohn auf unsere Situation.

»Vielleicht können wir einen Fisch fangen«, sagte Brad.

»Klar können wir das«, gab ich zurück. »Und in spätestens ein paar Tagen werden wir irgendwo angetrieben. Selbst wenn wir dann bewußtlos sind – man wird uns finden und in ein Krankenhaus bringen.«

Brads Körper krampfte sich zusammen. Er erbrach sich erneut. Bitte, bitte – nicht auch noch Brad! Seine Schwester würde mir nie vergeben. Lieber Gott, verschone ihn.

»Brad, mach dir nichts draus. Das ist eine Reaktion deines Körpers. Er muß alles, was ihn belastet, loswerden. Das ist gut so. Es ist ein gutes Zeichen.«

»Glaubst du?«

»Da bin ich mir absolut sicher.«

»Glaubst du, wir könnten einen Fisch fangen?«

»Aber sicher. Hier wimmelt es von Fischen. Sie sind extra für uns gekommen. Wir fangen sie, und ich weiß ja inzwischen, wie man sie ausnimmt. Doraden – die sind bei weitem nicht so zäh, weißt du. Ich habe welche auf St. Thomas gefangen. Ihr Fleisch ist zart und schmeckt prima. Wenn wir einen von den Kerlen haben, machen wir uns mehrere Portionen und leben ein Weilchen davon. Und wenn's sein muß, fangen wir eben so lange Fische, bis wir an der Küste angetrieben werden und jemand uns findet –«

»Debbie.«

»– weil ich mir nämlich sicher bin, daß wir nach Westen –«

»Debbie!«

»– treiben, jawohl, nach Westen, und wenn es im Moment vielleicht auch verrückt klingt, aber man weiß ja nie, vielleicht sehen wir schon in der nächsten Minute Land oder etwas Ähnliches –«

»Debbie, da ist ein Schiff.«

Die Art, wie er es sagte, machte mich stutzig. Er war ganz ruhig. Er hatte wohl Halluzinationen.

»Da ist ein Schiff«, wiederholte er.

Ich drehte mich um. Tatsächlich! In der Ferne, vor dem dunstigen Horizont, war ein großes Schiff. Es war mir allerdings nicht möglich zu sagen, in welche Richtung es fuhr. Das wird genauso gehen wie mit den anderen Schiffen, dachte ich. Zu weit weg. Es wird vorbeifahren.

»Spar dir deine Kraft«, sagte ich. »Die sehen uns niemals.«

Aber das Schiff wurde langsam größer und größer. Ich wollte es nicht glauben. Es kam näher und näher. Ich sprang auf und fing an zu schreien und so wild mit den Armen zu rudern, daß ich das Gleichgewicht verlor und auf den Boden des Schlauchbootes stürzte. Ich konnte mich nicht wieder aufrichten. Brad und ich lagen kraftlos auf dem Boden und waren unfähig, irgend etwas zu unternehmen, was die Aufmerksamkeit auf uns hätte lenken können. Untätig starrten wir zu dem vorbeifahrenden Schiff hinüber.

Es rauschte vorbei. Hätten wir geschrien, man hätte uns hören müssen, falls jemand an Deck des Schiffes war – so nahe war es uns gekommen. Aber wir schrien nicht. Wir taten überhaupt nichts. Das Schiff war eine graue, stählerne Erscheinung, ein von Entenmuscheln überkrustetes Traumbild, eine Ausgeburt meiner überreizten Einbildungskraft – was sonst hätte es wohl gewesen sein können?

»Es fährt vorbei!« sagte Brad.

Da wußte ich, daß es kein Traum war. Das Schiff war Wirklichkeit, und es war ganz nah, und es würde uns nicht bemerken. Es glitt an uns vorbei, bis wir nur noch das Heck sahen.

»Jetzt wissen wir wenigstens, daß wir noch im Bereich der Schiffahrtsrouten sind«, sagte ich zu Brad, nur um die aufsteigende Verzweiflung niederzukämpfen.

»Vielleicht sehen wir heute noch mal eines.«

»Früher oder später muß uns ja mal ein Schiff bemerken.«

Ich setzte mich wieder auf und sah dem Schiff nach, das langsam davonfuhr. Dann, unmerklich fast, schien es den Kurs zu ändern.

»Brad«, sagte ich. Seine Augen waren geschlossen.

»Mmmm?«

»Sieh doch mal.«

Brad stemmte sich hoch. Täuschte ich mich? Lief das Schiff immer noch von uns fort? Nein, es drehte jetzt bei. Seine Backbordseite wurde sichtbar. Ich konnte die fremdländischen Buchstaben sehen, die auf den rostigen Rumpf gemalt waren. Das Schiff machte ein Wendemanöver.

»Ich glaube, es kommt zurück«, sagte ich.

Ich konnte es nicht fassen. Hatte man uns etwa gesehen? Ich fürchtete mich davor, diesem Gedanken Raum zu geben. Aber, gütiger Gott, das Schiff kam wirklich zurück! Es fuhr einen weiten Bogen, bis sein Bug genau auf uns zuhielt. Es kam näher und näher, und ich konnte schon Leute erkennen, die sich an Deck zu schaffen machten.

»Brad!« rief ich und kam wieder auf die Füße.

»Ich seh sie!« sagte er. Wir hüpften alle beide auf und ab und winkten und schrien, während das Schiff diesmal an Steuerbord vorbeifuhr. Wieder warteten wir ein unerträglich langsam ablaufendes Wendemanöver ab, bis sich das Schiff erneut an unserer Steuerbordseite befand. Ich sah, wie uns ein Mann eine Leine zuwarf. Sie klatschte weit von uns entfernt ins Wasser. Es gab keine Möglichkeit, sie zu erreichen.

»Was sollen wir nach deren Meinung jetzt wohl tun? Was glaubst du?«

»Schwer zu sagen«, meinte Brad.

»Sollen wir der Leine hinterherschwimmen?«

»Die Leine holen wir nie ein. Sie sind zu schnell für uns.«

»Laß uns noch einen Versuch abwarten. Vielleicht kommen sie dann näher an uns heran.«

Das Schiff fuhr noch einmal einen großen Kreis und kam diesmal knapp 50 Meter neben unserem

Schlauchboot aus. Eine zweite, längere Leine wurde uns zugeworfen, an der ein weißer Rettungsring befestigt war.

»Ich glaube, sie erwarten, daß wir zu den Leinen hinschwimmen«, sagte Brad.

Das Schiff fuhr langsam vorüber. Ich sah, wie die beiden Rettungsleinen keine zwölf Meter vom Schlauchboot entfernt durch das Wasser trieben. Das war unsere Chance. Ich würde sie jedenfalls ergreifen. Ich raffte mich auf, kletterte über den Seitenwulst und fing zügig an zu schwimmen. Unvermutet hatte sich tief in meiner Seele ein Kraftreservoir aufgetan und verlieh mir die nötige Energie.

Die zwölf Meter kamen mir vor wie zwölf Meilen. Die Strömung wollte mich von der Leine abdrängen, und ich verstärkte meine Anstrengungen. Ich sah, wie der Ring schnell näher kam, und wußte, daß ich nur einmal die Chance haben würde, ihn zu erwischen.

Der Rettungsring tanzte vor mir im Wasser. Ich griff danach. Der Hartschaumkörper war schlecht zu packen, aber ich erwischte das Schlepptau. Ich umklammerte mit einer Hand die Leine, mein Leben, verlor jedoch für einen Augenblick den Halt. Das rauhe Seil rutschte durch meine Hand und riß mir die Handfläche auf. Dann bekam ich das Tau auch mit der zweiten Hand zu fassen. Jetzt begann der Kampf mit der Dünung, die mich fortwährend verschlucken wollte. Ich strampelte mich nach oben und hatte jedesmal gerade genügend Zeit zum Luftholen, bevor mich die dahinpflügende Leine erneut unter meine eigene Bugwelle zog. Wieder rutschte das Tau durch meine Hände, aber diesmal fand ich Halt an dem am Ende befestigten Rettungsring. Am Ring hängend, wurde ich durchs Wasser gezerrt und betete.

Wo war Brad? Ich hätte auf ihn warten sollen. Wo waren die Haie? Ich kam mir vor wie ein Köderfisch am Haken. Wäre ich doch bloß im Schlauchboot geblieben! Wieder drückte mich eine Welle unter Wasser. Ich rang nach Luft. Wasser drang mir in Mund und Nase. Ich ertrinke! Wo war Brad? Du darfst jetzt nicht loslassen! Der Zug der Leine ließ etwas nach, und ich kam an die Oberfläche. Ich sah mich nach Brad um, aber die Leine straffte sich plötzlich und riß mich wieder unter Wasser.

Irgend etwas versetzte mir einen heftigen Stoß. Ich ruderte verzweifelt mit den Beinen, meine Lungen schrien nach Luft. Dann spürte ich plötzlich Brad neben mir. Er schlang beide Arme um meine Taille. Wir kamen miteinander hoch und japsten nach Luft.

»Ich bin im Rettungsring«, schrie er mir zu. »Laß los, du brauchst dich nicht mehr festzuhalten. Ich hab dich.«

Ich versuchte, die Faust zu öffnen, aber meine Finger waren so fest um das Seil gekrampft, als wären sie zu einem Teil des Flechtwerks geworden. Ich zwang mich, meinen Griff zu lockern. Schmerz zuckte durch meine Arme. Ich bekam den Ring zu fassen und befand mich jetzt Auge in Auge mit Brad. Er versuchte, uns mit kräftigen Ruderbewegungen der Beine an der

Wasseroberfläche zu halten. Die Leine hing einen Moment lang locker, dann straffte sie sich wieder, und wir wurden unter Wasser gezogen.

Ich schrammte mit einer Seite meines Körpers über etwas Rauhes. Beim Auftauchen sah ich, daß der Schiffsrumpf neben uns emporragte. Der Rumpf hob sich und senkte sich wieder auf uns herunter. Der Sog der zurücklaufenden Dünung zog uns unter das Schiff. Die Entenmuscheln schürften über meine Haut. Der mächtige Schiffsleib drohte uns zu zermalmen. Dann kamen wir auf einmal frei vom Rumpf, und man zog uns ein Stück empor. Der Rumpf hob sich erneut, und wieder riß uns der Sog für eine Weile unter Wasser. Ich versuchte, mich mit Händen und Füßen vom Rumpf wegzustemmen, aber der zwischen dem bewegten Wasser und dem Schiffsrumpf herrschende Sog war viel zu stark.

Wir wurden gegen den Rumpf gedrückt, dann kamen wir wieder los. Wir gerieten unter das Schiff, dann gelangten wir in freies Wasser. Wir waren unter Wasser, dann hingen wir hoch in der Luft. Und die ganze Zeit spürte ich, wie man uns an unserer Rettungsleine Stück für Stück immer weiter einholte.

Als wir erneut aus den Wellen auftauchten, sah ich, wie eine Gittertreppe heruntergelassen wurde. Ein halbes Dutzend Männer mühte sich, den Aufgang in die richtige Position zu bringen. Nur noch drei Meter, dann hatten wir es geschafft.

Eine neuerliche Welle drückte uns gegen den Rumpf und ließ uns über die muschelverkrustete

Schiffshaut scheuern. Als der Sog uns wieder freigab und an der Gittertreppe vorbeispülte, versuchte ich die Hand zu ergreifen, die mir ein Matrose von dort entgegenstreckte. Ich verfehlte sie.

Das Spiel begann von neuem. Abermals zog uns der Sog unter den Rumpf und hielt uns dort fest. Ich wartete darauf, daß sich durch die ablaufende Welle die Strömung umkehrte, aber der ersehnte Effekt trat nicht ein. Die Luft ging mir aus. Ich spürte einen Ruck an unserer Rettungsleine, als ob sie sich irgendwo verfangen hätte. Ich drückte mich vom Rumpf weg und strampelte und spürte, daß Brad das gleiche tat. Luft! Ich brauchte Luft, ich würde ertrinken und war schon zu schwach, um dagegen anzukämpfen.

Eine Hand packte meinen Oberarm. Man zog mich über das harte Gitterwerk der Stufen der Falltreppe nach oben. Eine Welle brach über mich herein. Ich trieb wieder davon. Aber nein! Hände hielten mich fest, trugen mich. Ich sah mich um nach Brad. Auch er wurde die Stufen hochgetragen!

Man legte uns auf das Deck. Wir keuchten und husteten und rangen nach Luft. Um uns herum bildete sich ein Kreis von Männern mit breiten Gesichtern und roten Backen, die uns verwundert anstarrten. Sie unterhielten sich in einer Sprache, die ich nicht verstand, aber das kümmerte mich nicht. Sie hätten von mir aus sogar vom Mars sein können. Brad und ich waren am Leben. Wir waren in Sicherheit.

Der Kreis der Umstehenden teilte sich, und zwei

stämmige Frauen in mittlerem Alter traten auf uns zu. Ihr Haar hatten sie zu einem festen Knoten hochgesteckt. Sie knieten sich nieder und zogen mich aus. Dann wickelten sie mich in eine Decke und wiesen einige der umstehenden Männer an, mich hochzuheben. Man trug Brad und mich in einen Bereich des Schiffes, der mir wie das Krankenrevier vorkam. Wir wurden in verschiedene Räume gebracht.

Es war unerträglich für mich, von Brad getrennt zu sein, und man hatte mich noch nicht auf die Liege gelegt, da begann ich schon laut nach ihm zu rufen. Ich hörte, wie auch er nach mir rief. Ein paar Männer kamen herein und stellten sich um mich herum. Einer von ihnen hatte ein Stethoskop um den Hals hängen.

»Sprechen Sie Englisch?« fragte ich ihn, erhielt aber keine Antwort. Die Sprache dieser Männer war schwerzüngig und guttural. Griechisch, dachte ich, oder vielleicht Türkisch? Nein, dafür waren sie zu hellhäutig. Der Mann, den ich für einen Arzt hielt, ging hinaus. Ich klaubte die Reste meiner auf der High School erworbenen Spanisch- und Französischkenntnisse hervor und versuchte die im Raum verbliebenen Männer anzusprechen, aber sie starrten mich nur an und zuckten die Achseln.

Der Arzt kam wieder zurück. Er hielt eine große Spritze in der Hand, in der eine klare Flüssigkeit aufgezogen war. Ich sah zu, wie er die Spritze prüfend emporhielt und mit dem Fingernagel gegen den Kolben schnippte. Mein Gott, dachte ich, was hat der Kerl mit mir vor?

»Wer sind Sie?« sagte ich. »Wo kommen Sie her?«

Sie sahen sich an und wechselten ein paar Worte miteinander. Der Arzt schien meine Frage verstanden zu haben. Er sagte etwas zu mir. Einige Silben seiner Antwort, der Sprachrhythmus und die rollenden Konsonanten klangen irgendwie vertraut. Ich hatte ähnliches schon einmal im Fernsehen und im Kino gehört ... Das waren Russen! Wir waren von einem sowjetischen Schiff gerettet worden! Mein erster Gedanke war, daß ich jetzt auf Nimmerwiedersehen in der Sowjetunion verschwinden würde, und kein Mensch würde je erfahren, was mir zugestoßen war. Und mein zweiter Gedanke war: Na und? Wen interessiert schon, wohin es mich verschlagen hat? Ich lebe!

Der Arzt setzte mir die Spritze. Er hatte die Nadel noch nicht wieder herausgezogen, da spürte ich schon, wie sich mein Körper entspannte. Die beiden Frauen kamen zurück und besprachen sich mit dem Arzt. Sie traten zu mir, hoben mich hoch und trugen mich in ein Badezimmer zu einer Wanne, die mit heißem, aseptisch riechendem Wasser gefüllt war. Ich hatte den Fuß nur ein bißchen ins Wasser getaucht, da begann ich wie am Spieß zu schreien – sie hätten mich tödlich verbrüht. Ich strampelte und wand mich und schrie nach Brad, während sie immer wieder versuchten, mich in die dampfende Wanne zu legen. Schließlich gaben sie ihre Bemühungen auf und brachten mich zurück zu meiner Liege.

Eine Woge der Erschöpfung flutete über mich, und

ich spürte, wie mein Körper völlig erschlaffte. Apathisch lag ich da, während die beiden Frauen meine Salzwassergeschwüre sanft mit einer blaugrünen Salbe betupften. Die eine legte an meinen linken Arm eine Infusionskanüle und hängte mich an den Tropf. Mir kam alles so fern, so unwirklich vor – als ob der Körper, mit dem sie sich beschäftigten, nicht der meine war. Ich betrachtete ihre Gesichter und fand darin soviel Güte und Herzlichkeit. Meine Augen füllten sich mit Tränen. Ich fragte mich, warum wir eigentlich soviel Angst vor den Russen hatten. War es nicht eine Ironie des Schicksals? Die schlimmsten Feinde meines Landes hatten mich gerettet!

Als die Frauen meine Wunden gereinigt hatten, tätschelte eine von ihnen mein Gesicht und lächelte. Sie gab mir zu verstehen, daß ich jetzt schlafen konnte, indem sie die Augenlider auf- und zuklappte.

Einige Zeit später wachte ich schweißgebadet auf und grapschte nach der Nadel in meinem Arm. Ich hatte keine Ahnung, wo ich mich befand. Das harte Bett, die erbsengrünen Wände ... Natürlich, es war wieder ein Traum. Gleich würde sich der Vorhang heben, und ich war wieder im Schlauchboot.

Aber die beiden Frauen, die mich unablässig beobachteten, und die dampfende weiße Emailletasse schienen ziemlich real. Ich nahm die Tasse und nippte. Es war Kaffee, dem etwas Hochprozentiges beigemischt war – vermutlich Wodka. Ich konnte es nicht trinken. Die eine der beiden ging hinaus und kam mit etwas zurück, das wie Eiscreme aussah, aber ich konnte auch das nicht hinunterkriegen. Dann kam ein kleiner Mann mit breiter Nase und schwarzem Haar herein. Die drei sprachen einen Augenblick miteinander, dann wandte sich der Mann zu mir.

»Du . . . Bott?« sagte er.

»Ja, Segelboot«, sagte ich. »Aus Maine.«

»Ihr – allein?« fragte er.

»Im Sturm gesunken. Die Fenster zerbrachen. Das Boot hieß ›Trashman‹. ›Trashman‹!«

Die drei sahen sich verwirrt an.

»Sinken!« sagte ich und machte dazu eine entsprechende Geste.

»Ah, zwei Mensch?«

»Fünf!« sagte ich und spreizte ihm die fünf Finger meiner linken Hand entgegen. »Fünf Menschen.«

Der Mann sagte etwas zu den beiden Frauen. Sie schüttelten traurig die Köpfe, dann verließen alle drei die Kabine. Ich sank in einen tiefen Schlaf.

Später wurde ich von dem Arzt geweckt. Er war in Begleitung eines jungen, blonden Matrosen, mit dessen Hilfe er mir mitteilte, daß die US-Küstenwache verständigt worden sei.

»Große Iberraschung«, radebrechte der Arzt. »›Trashman‹.«

»Das kann ich mir denken«, brummte ich.

»Kleine Problem. US-Wasser. Aber jetzt gutt.«

Stück für Stück erklärten mir die zwei Männer, daß ein Rendezvous mit einem Schiff der Küstenwache vereinbart worden war. Die Nachricht stimmte mich traurig. Ich wollte meine neugewonnenen russischen

Freunde nicht gegen die US-Küstenwache eintauschen. Ich war viel zu müde, um jetzt woanders hinzugehen. Warum nur durfte ich nicht hierbleiben und mich ausruhen? Der Arzt verabreichte mir noch eine Spritze und forderte mich auf zu schlafen. Eine warme Welle flutete durch meinen Körper, dann wurde alles schwarz.

Emsiges Treiben um mich herum schreckte mich auf. Die beiden Frauen zogen mir gerade eine Art grünen Krankenhausschlafanzug über. Ich blickte den Arzt an.

»Kistenwache«, sagte er. Ich hatte keine Lust, mich zu bewegen. Bewegung verbrauchte körperliche und geistige Energie, und ich hatte keine Lust, mich dazu aufzuraffen, und ich hatte auch keine Lust, mich mit der Küstenwache auseinanderzusetzen. Man würde mir Fragen stellen, viele Fragen, und ich selbst hatte auch eine ganze Menge davon auf Lager. Ich dachte an Meg und John und Mark. Das Ganze war so sinnlos. In weniger als fünf Tagen waren drei Menschen umgekommen. Wenn sie doch bloß ein bißchen länger durchgehalten hätten ...

Ein paar Matrosen kamen in die Kabine und hoben mich hoch. »Sie jetzt gehen«, sagte der Arzt und lächelte.

Als ich an Deck gebracht wurde, erblickte ich die hellen Scheinwerfer eines Küstenwachkutters. Oh, wie sehr hatte ich mich vor fünf Tagen nach diesen Scheinwerfern gesehnt! Brad war auch da. Er hatte es aus eigener Kraft geschafft, an Deck zu kommen. Tiefe Traurigkeit überkam mich, und ich begann zu weinen. Die Russen übergaben mich vorsichtig an vier amerikanische Matrosen. Ich wollte aber nicht fortgebracht werden. Ich hatte ein Gefühl, als würde ich ausgesetzt, dem Tode überantwortet.

Die Matrosen setzten sich in Bewegung, um mich von Bord zu tragen. »Wartet!« schrie ich. Ich mußte noch ein paar Augenblicke bei meinen Rettern verweilen, mußte ihnen noch etwas sagen.

Meine Träger gingen weiter.

»Nun wartet doch!«

Die Matrosen blieben stehen. Ich nahm das goldene Kettchen mit dem Kreuz von meinem Hals. Ich wollte, daß die Russen es bekamen. Das war die einzige Möglichkeit, meinen Dank auszudrücken – ich mußte etwas von mir bei ihnen hinterlassen.

Der Arzt wollte ablehnen, aber ich nahm seine Hand und ließ das Halskettchen hineinfallen.

»Ma'am, wir müssen jetzt aber wirklich gehen«, drängte einer der Männer von der Küstenwache. »Wir müssen den Zeitplan für die Übergabe einhalten.«

Brad und ich wurden an Bord des amerikanischen Schiffes gebracht. Ich kämpfte mit den Tränen. Als ich spürte, wie der Kutter von dem russischen Frachter ablegte, war es mit meiner Fassung vorbei, und ich brach zusammen.

Die Überfahrt kam mir unglaublich kurz vor. Plötzlich befanden wir uns an einer Pier, und die Matrosen trugen mich von Bord. Ein Blitzlichtgewitter brach los, und Reporter schrien mir Fragen ins Gesicht, während man Brad und mich zu zwei bereitstehenden Krankenwagen brachte. Es war schwül und warm. Die Lichter der Straßenbeleuchtung schwammen in einem milchigen Schimmer. Daran werde ich mich wohl ewig erinnern, dachte ich, als meine Tragbahre in den Krankenwagen geschoben wurde.

»Was ist mit den anderen? Sind sie tot?« schrie eine Reporterin. Dann wurde die Tür zugeschlagen, und der schrille Klagelaut der Sirene heulte durch die Nacht.

EPILOG

Brad und ich verbrachten acht Tage im Carteret General Hospital in Morehead City, North Carolina, wo die Folgen unserer Unterkühlung, der akute Flüssigkeitsverlust und die massiven Infektionen behandelt wurden. Am Tage unserer Entlassung gingen wir zusammen mit unseren Müttern und Brads Bruder Peter zum Essen. Es war ein surreales Erlebnis. Wir saßen in einem Restaurant, studierten die Speisekarte, beobachteten, wie die Kellnerin sich Mühe gab, nicht auf die häßlich verschorften Löcher in meiner Haut zu starren, und hörten uns an, wie meine Mutter mit den Cavanaghs über Belanglosigkeiten plauderte. Ich hätte am liebsten geschrien.

Wir waren mit dem Essen erst zur Hälfte fertig, als

Brad, der beträchtlich an Gewicht verloren hatte, erklärte, er könne es vor Schmerzen keinen Moment länger auf dieser harten Holzbank aushalten. Wir verließen das Restaurant und fuhren einige Kilometer weiter zum Hafen von Beaufort. Brad und ich spazierten miteinander die Pier entlang. Unsere Familien waren ein Stück hinter uns zurückgeblieben. Als wir zusammen auf den friedlichen, leuchtend blauen Ozean hinausschauten, fing ich an zu weinen.

An diesem Nachmittag trat Brad mit seiner Familie die Heimreise nach Massachusetts an, und ich fuhr mit meiner Mutter nach New Orleans. Nicht mehr mit Brad zusammenzusein war verwirrend und befremdlich, aber gleichzeitig empfand ich es als eine gewaltige Erleichterung. Es kam mir vor, als sei ich einen siamesischen Zwillingsbruder losgeworden.

Ich versuchte natürlich, wieder zu segeln. Was hätte ich denn anderes tun sollen? Ich war eine Seglerin – das war mein Beruf und mein Leben. Und was noch wichtiger war, ich hatte mich immer für stark und belastbar gehalten, und so, wie ich mich selbst einordnete, war es für mich selbstverständlich, daß ich mich so schnell wie möglich wieder aufs Wasser zu begeben hatte. Ich nahm also ungefähr einen Monat nach unserer Rettung einen Job auf der in Fort Lauderdale beheimateten »Shambala« an. Dieses Boot war so etwas wie ein Trainingspartner für die »Nirvana«, die in den Rennen des Southern Ocean Racing Circuit segelten.

Jeder Seglerkollege kannte die Geschichte mit der »Trashman«. Manchmal kam ich mir vor, als hätte ich ein Schild um den Hals mit der Aufschrift »Ja, ich bin Debbie Scaling«. Unser Schiffbruch war in der Seglergemeinde *das* Thema schlechthin gewesen, vermutlich auch deshalb, weil er sich für viele Leute sozusagen direkt vor ihrer Haustür ereignet hatte. Schließlich war es nichts anderes als eine routinemäßige Überführungsfahrt gewesen, es war gutes Wetter vorhergesagt, und wir hatten ein tüchtiges Schiff und auch keine unerfahrene Mannschaft – zumindest mußte jeder Unbeteiligte diesen Eindruck gewinnen. Ich traf mich mit Morris Newberger in Florida. Er war sehr verständnisvoll und bot mir seine Hilfe an – aber es war mir unmöglich, mit ihm zu reden. Unter Tränen verließ ich sein Hotel.

Seglerkameraden versicherten mir, wie sehr sie mein Stehvermögen und meine Widerstandskraft bewunderten, aber ich wußte, daß hinter meinem Rükken getuschelt wurde, von wem und wodurch die Sache wohl verbockt worden war. Ich konnte mich nicht in der Öffentlichkeit zeigen, ohne daß man mich anstarrte oder sogar mit dem Finger auf mich zeigte. Ich gewöhnte mir an, unentwegt mit einer Sonnenbrille herumzulaufen, sogar noch nach Anbruch der Dunkelheit.

Überraschenderweise lief zunächst alles sehr gut. Ich stand morgens auf und machte anstandslos meinen Job. Erst als Brad unerwartet in meiner Wohnung in Fort Lauderdale auftauchte, bekam die Sache einen Knacks. Seit unserer Entlassung aus dem Krankenhaus hatte ich Brad nicht mehr gesehen. Er hatte ein britisches Yachtmagazin dabei. Auf dem Titelblatt prangte ein Foto vom Mark Adams mit seinen stechenden blauen Augen.

»Schau mal, Debbie«, sagte Brad halb im Ernst, halb im Spaß, »er ist der Teufel. Und er verfolgt uns.«

Ich schmiß Brad hinaus und versuchte, mich über den Schmerz, der in seinen Augen zu lesen war, hinwegzusetzen. Er konnte nicht verstehen, daß es eine Qual für mich war, ihn zu sehen. Irgendwie gelang es mir, am nächsten Tag auf der »Shambala« noch meinen Dienst zu tun, aber ich war ein psychisches Wrack. Ein Gefühl von heulendem Elend nahm von mir Besitz und wurde langsam zum Dauerzustand. Wenn ich auf dem Wasser war, hatte ich unentwegt das Gefühl, daß im nächsten Moment etwas Schreckliches passieren würde, und ich war sicher, daß ich in diesem Fall völlig durchdrehen würde. Irgendwie gelang es mir, die Regatta durchzustehen, aber sobald die Rennen abgesegelt waren, gab ich meinen Job auf und ging nach New Orleans zurück.

Ohne das Segeln war ich verloren. Die Bulimie nahm mich wieder eisern in ihren Griff. Ich trank viel zuviel, verzettelte mich in einer unerfreulichen Beziehungskiste, stritt mich mit meiner Mutter herum und wußte vor lauter Schuldgefühlen über mein miserables Befinden nicht mehr ein und aus. Du bist eine jämmerliche Figur, pflegte ich mich selbst fertigzumachen, du verdienst es gar nicht, noch am

Leben zu sein. Ich konnte keinen Sinn in dem entdekken, was geschehen war. Warum hatte ich überlebt? Warum gerade ich?

Ich tat mein Bestes, allem und jedem aus dem Weg zu gehen, was in mir Erinnerungen an die »Trashman« wachrufen konnte, aber nachts brachen sie in einer Flutwelle der Verzweiflung über mich herein. Im dunklen Bühnenraum des Schlafs wurde alles immer wieder aufs neue lebendig – die versinkende Mastspitze der »Trashman«, Johns entsetzlicher Todesschrei, der gnadenlose Angriff der Haie auf das Schlauchboot. Ich sah Megs leblosen Körper, der sich in der Dünung hob und senkte, und die Hände von Mark, die sich den Wulst des Schlauchboots entlangtasteten – und das blutgefärbte schaumige Wasser. Morgens beim Aufwachen mußte ich meistens feststellen, daß ich das Bett eingenäßt hatte.

Trotz alledem war es mir so gut wie unmöglich, mich von Segelbooten fernzuhalten. Ich liebte sie immer noch – oder doch zumindest das, was Segelboote vor unserem Schiffbruch für mich bedeutet hatten. Ich sehnte mich nach dem harmlosen und unschuldigen Vergnügen, das mir das Polieren von Metallbeschlägen, das Abspritzen eines blitzsauberen Decks, ein sich in einer auffrischenden Brise blähendes Segel bereitet hatten. Es waren so einfache, unkomplizierte Freuden gewesen.

Im Jahr 1983 schrieb ich mich an der Schule für Yachtdesign und Bootsbau in Maine ein, wobei in meinem Hinterkopf die Idee herumspukte, daß ich versuchen sollte, die auf der »Trashman« gemachten Erfahrungen für den Bau eines stabileren Bootes zu verwerten. Ich kaufte mir einen deutschen Schäferhund, mietete in Kennebunkport ein Häuschen und machte mich daran, mich in mein Studium zu vertiefen. Die Leute an der unprätentiösen, in einem Farmhaus untergebrachten Schule waren sehr liebenswürdig, aber ich mußte feststellen, daß ich mit Liebenswürdigkeit nicht umzugehen verstand. Ich quälte mich mühsam über die Runden. Als ich hörte, daß Morris Newberger sich ein neues Boot hatte bauen lassen, das einen grünen Anstrich und den Namen »Trashman« erhalten hatte, geriet ich vollends ins Schleudern.

Das erste Semester war noch nicht vorbei, da trank ich schon wieder zuviel, kam morgens nicht aus dem Bett, versäumte die Lehrveranstaltungen und erledigte meine Aufgaben nicht. Ich aß und aß und aß und versuchte, das bodenlose Loch in meinen Eingeweiden zu stopfen. Und manch einsame Stunde betete ich in der kleinen katholischen Kirche darum, daß mir etwas oder jemand Hilfe bringen möge.

Das einzig Gute, das mir in jenem Winter widerfuhr, war die Tatsache, daß ich auf der Bootsausstellung in New York City zufällig einen Mann namens John Kiley traf. Ich hatte ihn im vorangegangenen Sommer während des »America's Cup« in Newport kennengelernt. Zu Beginn der siebziger Jahre hatte John in einer 9-Meter-Ketsch die Welt umsegelt.

In New York gingen wir zusammen zum Mittagessen. Zwei Wochen später trafen wir uns wieder, und ich merkte, daß John der erste war, der wirklich begriff, wo mich der Schuh drückte, wenn ich über die »Trashman« sprach. Neue Hoffnung keimte in mir auf. Ich würde wieder Ordnung in mein Leben bringen und gegen die Bulimie angehen, würde wieder ernsthaft studieren und sogar segeln können. Aber dann wurde mein Hund überfahren, John reiste mit seiner früheren Gefährtin in die Karibik, und ich ging mit Woody surfen. Von da an war ich abermals auf der Flucht.

Das Frühjahr verbrachte ich bei meinem Vater und meiner Stiefmutter in Texas. Ich versuchte, mich wieder in den Griff zu bekommen. Ihnen und Freunden wie Tante Skeet, Onkel Jim, Tisa und Dave habe ich zu verdanken, daß ich mich allmählich fing und außerdem langsam begriff, daß ein Teil meiner Schwierigkeiten, die ich im Umgang mit dem Schiffbruch hatte, an den vielen ungeklärten Fragen lag, die er für mich aufwarf – insbesondere aber, was das Verhalten der Küstenwache betraf.

Was mir besonders zu schaffen machte waren die Widersprüchlichkeiten in den Such- und Rettungsberichten, von denen ich gehört hatte. Zu den größten Ungereimtheiten gehörte die Behauptung der Küstenwache, von einem nicht identifizierten Anrufer sei – nur wenige Stunden, nachdem das Schiff gesunken war – die Meldung eingegangen, die »Trashman« liege an einer Muring in Wilmington, North Carolina, sicher vor Anker.

Ich wollte wissen, was sich nach Ansicht der Küstenwache abgespielt hatte – und warum man offensichtlich die Suchaktion abgeblasen hatte, ohne vorher die Meldung, daß wir in Sicherheit seien, zu überprüfen. Tisa brachte mich dazu, mich nach einem Rechtsbeistand umzusehen, der mir behilflich sein konnte. Man empfahl uns, einen Anwalt von der Ostküste zu nehmen. Nach einiger Zeit fand ich eine auf Seerecht spezialisierte, erstklassige Rechtsanwaltssozietät in Maine. Dort erhielt ich den Rat, gegen die US-Küstenwache einen Prozeß anzustrengen.

Im Frühjahr 1984 setzte ich meine Studien an der Yachtschule fort. Auch John Kiley trat wieder in mein Leben; er hatte die Beziehung zu seiner früheren Lebensgefährtin abgebrochen. John arbeitete bei einer Firma für Yachtdesign in Boston. Ich traf ihn bald regelmäßig an den Wochenenden, und nach einigen Monaten feierten wir unsere Verlobung. John gab mir ein Gefühl von Sicherheit und Ausgeglichenheit. Zum erstenmal in meinem Leben fühlte ich mich wirklich geliebt. Obendrein war er ein unermüdlicher Zuhörer, dem es niemals einfiel, mich zu verurteilen. Ich bekam meine Bulimie unter Kontrolle und hatte das Gefühl, daß endlich in meinem Leben eine Wende eingetreten war.

John und ich heirateten im Herbst 1984. Neun Monate später kam unser erstes Kind. In der Nacht, bevor Marka geboren wurde, hatte ich einen furchtbaren Traum, in dem ich Wasser treten mußte und mein

Baby über den Kopf hielt, während wir von Haien umkreist wurden.

Ein gutes Jahr später wurde unser zweites Kind, John IV, geboren. Kurz vor seiner Geburt schloß ich mit der Küstenwache einen außergerichtlichen Vergleich. Nach zwei Jahren voll quälender Befragungen und Vernehmungen rieten mir meine Anwälte, der Sache ein Ende zu bereiten, obwohl keine meiner Fragen eine befriedigende Antwort gefunden hatte. Ich hatte nicht mehr die Kraft weiterzukämpfen. Ich mußte an meine Familie denken.

Aber bei all dem fröhlichen Durcheinander, das in einem Haus mit zwei Kleinkindern herrscht, verging kein einziger Tag, an dem ich nicht an die »Trashman« dachte. Manchmal wurde ich ganz unversehens von den Erinnerungen überwältigt. Es konnte geschehen, daß ich unter der Brause stand und mir die Haare wusch und im nächsten Augenblick hemmungslos schluchzend in der Wanne hockte. Und von den nächtlichen Träumen blieb ich zu keiner Zeit verschont.

Besonders anstrengend waren die Besuche von Brad. Er hatte sofort wieder zu segeln begonnen, und zwar mit einer Intensität, in der ich das brennende Bedürfnis zu erkennen glaubte, sich immer wieder aufs neue vor sich selbst beweisen zu müssen. Er besuchte uns oft in unserem Haus in einem Außenbezirk von Boston, um ein oder zwei Tage »total abzuschalten«, bevor er wieder für eine Weile auf und davon war. Er und mein Mann wurden gute Freunde, und wir saßen oft ganze Nächte zu dritt beieinander und sprachen über Mark und Meg und John und über das, was auf der »Trashman« schiefgelaufen war. Nach Brads Besuchen war ich jedesmal am Boden zerstört.

Ich staunte über die Unbeschwertheit, mit der Brad sich wieder aufs Wasser begab. Ich konnte das Meer noch nicht einmal anschauen, ohne Magenkrämpfe zu bekommen. Ich hatte einen Yachtdesigner geheiratet, der mehrere Yachten und ein Sommerhaus auf Cape Cod sein eigen nannte, und es kostete mich schon Überwindung, auch nur barfuß ein paar Schritte ins Salzwasser zu gehen, vom Betreten eines Segelbootes ganz zu schweigen. John drängte mich zwar nie, aber ich hatte immer das Gefühl, daß mein Verhalten für ihn eine Enttäuschung war. Ich zwang mich dazu, ein paar kurze Turns im Hafen mit ihm zu absolvieren, aber jedesmal fühlte ich mich von Anfang bis Ende hundeelend. Schon allein den Wind in meinem Gesicht zu spüren war für mich unerträglich.

John und ich hatten schwierige Zeiten miteinander durchzustehen. 1987 verließ ich ihn für kurze Zeit und ging mit den Kindern nach Texas. Mit Schrecken stellte ich fest, daß ich wieder Eßstörungen bekam und erneut in die Fänge der Bulimie geriet. Ich suchte mein Heil in der Kirche und ging außerdem zweimal pro Woche zu einer Beratungsstelle. Die Beraterin verhalf mir zu der Einsicht, daß ich immer nur davonlief und daß ich niemals würde glücklich werden können, solange ich mich nicht der schweren Aufgabe stellte, mit den Dingen, vor denen ich davonlief, fertigzuwerden. Einige Zeit darauf schloß ich mich zwei Selbsthilfegruppen an, die mir bei der Überwindung meiner Bulimie und der Aufarbeitung meiner gestörten Mutterbeziehung helfen konnten. Nach fünf Monaten kehrte ich wieder zu John zurück. Ich war entschlossen, unsere Ehe in Ordnung zu bringen.

Es war ein steiniger Weg, aber ich lernte allmählich, mit den negativen Erfahrungen umzugehen, von denen es in meinem Leben so viele gegeben hatte. Schrittchen für Schrittchen kam ein vernünftiges Verhältnis zu meiner Mutter zustande. Den Untergang der »Trashman« hatte ich allerdings immer noch nicht bewältigt. 1990 entschloß ich mich, den Versuch zu unternehmen, alles aufs Papier zu bringen.

Die Niederschrift dieses Berichtes war eine große Anstrengung. Es gab so manchen Tag, an dem ich am liebsten aufgegeben hätte, an dem mir schlichtweg die Kraft fehlte, alles noch einmal in meinem Geiste durchzuspielen. Ich suchte die Hilfe von Therapeuten, Hypnotiseuren und Psychologen. Schließlich fand ich jemanden, der mir begreiflich machen konnte, daß ich an einer klassischen Störung litt, dem sogenannten posttraumatischen Streßsyndrom. Ich war also nicht verrückt, ich mußte nur eine Methode finden, um die Dämonen der Vergangenheit ein für allemal auszutreiben. Dann war der Weg frei.

Das Schreiben dieses Buches hat mir geholfen, genau das zu tun. Und wunderbarerweise habe ich dadurch auch die Kraft gefunden, wieder zu segeln. Im Sommer 1992 entschloß ich mich, mit Johns 7,5-Meter-Holzboot »Venture« an einer Regatta teilzunehmen, bei der an drei Wochenenden insgesamt sechs Rennen zu segeln waren.

Obwohl wir mit einem der anderen Teilnehmerboote eine kleinere Kollision hatten, lief bei den ersten vier Rennen alles recht gut. Chancen auf einen Sieg hatten wir zwar nicht, aber ich fühlte mich großartig. Ich segelte, und mein Nervenkostüm spielte mit.

Am Morgen des fünften Renntages war es klar, heiß und windig. Als John und ich an Bord des Zubringerbootes gingen, das der Hyannisport Yachtclub stellte, hatte der Wind beträchtlich aufgefrischt. Der Club feierte sein fünfundsiebzigjähriges Bestehen. Und die Flotte der teilnehmenden Boote war riesig. Man sah sämtliche Größenklassen, von 5-0-5ern über Laser bis zum Optimist. Ich beobachtete, wie eines der kleineren Boote hereingeschleppt wurde, daraufhin ein zweites, dann noch eines. Ein Regattalauf um Cape Cod herum war komplett abgesoffen. Mein Magen krampfte sich langsam zusammen, und auch zwischen den Schulterblättern wurde alles hart. Ich hörte jemanden sagen, daß man einige der Rennläufe abgeblasen habe, weil so viele von den kleineren Booten gekentert seien.

Ich fühlte, wie das altbekannte heulende Elend wieder sein trübes Haupt erhob, aber ich versuchte dagegen anzugehen; ich sagte mir, daß alte Hasen viel Wind brauchen, um überhaupt in die Gänge zu kommen. Der Wind blies böig mit 30 Knoten aus Nordnordwest. Er frischte weiter auf, und schon auf dem Weg zur Hafeneinfahrt trieb uns ein von hinten einkommender Wind mit Schwaden von Gischt schräg vor sich her. Als wir den Wellenbrecher passiert hatten, traf uns der Wind mit voller Wucht. Rings um uns her gingen viele kleine Boote in den Teich.

John traf mit unserer Crew, Peter und Stewy, die letzten Vorbereitungen vor dem Start. Ich hielt noch Zwiesprache mit mir selbst. Wir werden doch nicht etwa hier draußen bleiben, oder? Mach dir nicht in die Hosen, sagte ich mir, John ist doch bei dir. Fange ich schon an durchzudrehen? Ach was, du hältst dich doch prächtig. Nein, bloß weg hier! ... Kein Grund zur Sorge. Bloß weg! ... Wieso? Du schaffst es! Ich werde sterben!!

»Okay, Leute, aufgepaßt«, sagte John. »Segel steifsetzen!«

Wir holten die Segel dicht und gingen hart an den Wind. Peter und ich krochen vor zur Luvreeling, um das Boot auszubalancieren, und im selben Moment schon schlug eine mächtige Welle über unseren Bug. Wasser klatschte mir ins Gesicht, drang in meinen Mund und brannte mir in den Augen. Keine Panik, bloß keine Panik, beschwor ich mich selbst, aber es war vergeblich. Ich fühlte mich benommen und atmete schwer.

»Alle Schoten etwas lockern«, rief John. »Laßt uns mal schauen, wie es an der Startlinie aussieht.« Es war mir unbegreiflich, wie ruhig seine Stimme klang, wie kontrolliert. Du mußt dich auf John konzentrieren, sagte ich mir. Mach einfach nur deine Arbeit.

Wir manövrierten uns durch die Flotte der anderen Boote, die sich alle an der Startlinie versammelt hatten. Der Zehnminutenböller wurde abgefeuert, dann kündigte ein weiterer Böllerschuß einen Startaufschub an. Mein Herz hüpfte vor Erleichterung. Der Wind war zu stark, man würde den Lauf absagen müssen! Wir segelten ein bißchen hin und her und warteten auf die Entscheidung des Rennkomitees. Plötzlich bemerkten wir in unserem Großsegel einen kleinen Riß. Es war völlig ausgeschlossen, unter den gegenwärtigen Bedingungen den Schaden mit Bordmitteln zu beheben. Da blieb uns doch nur, jetzt den Rückzug anzutreten, wenn wir größeren Schaden vermeiden wollten, oder etwa nicht?

»Sie haben die Flagge für die Startverzögerung gestrichen!« rief John. Alle jubelten. Außer mir. Wir würden das Rennen segeln.

Der Startschuß donnerte, und das schwergewichtige Ballett knarrender Holzrümpfe und flatternder Leinwand begann. Wir quetschten uns auf dem Backbordbug über die Startlinie und warteten darauf, daß sich die Flotte der Teilnehmer etwas verteilte, bevor wir Kurs anlegten. Der Wind blies mit gewaltigen, unberechenbaren Böen. Ich war an der Wetterseite postiert und durfte Wasser fressen.

Als schließlich die Wendemarke in Sicht kam, fielen wir etwas ab und machten den Spinnaker für den Turn zur nächsten Bahnmarke fertig. Ich beobachtete, wie bei einem der in Führung liegenden Boote beim Umrunden der Wendemarke eine große Welle übers Deck und in den Stausack des Spinnakers fegte und das Segel herausschwemmte. Der Wind schlug hinein, und der geblähte Spinnaker drohte das Boot auf die Seite zu legen. Im letzten Moment gelang es der Besatzung, das Boot wieder unter Kontrolle zu bekommen.

»John, ich weiß nicht, ob unser Boot in diesem Wind einen Spinnaker tragen kann«, gab ich zu bedenken und hoffte, daß John von dem Versuch Abstand nehmen würde.

»Mal sehen«, meinte er. Die beiden Führungsboote hißten die Spinnaker.

Mist, sagte ich zu mir selbst.

Wir umrundeten in einem Pulk von Booten die Wendemarke, dann setzten auch wir den Spinnaker und schossen davon.

»Wir liegen an vierter Stelle«, rief Peter.

Eine mächtige Bö legte unser Schiff auf die Seite, aber Stewy fierte die Großschot gerade noch rechtzeitig aus, und wir richteten uns wieder auf. Ich bebte vor Aufregung, die Furcht war genauso vergessen wie nüchternes Kalkül. Ich hatte nur noch das eine im Kopf: nicht durchzudrehen, während der Wind uns herumbeutelte und unser schlingerndes Boot auf den Wellenkämmen dahinschoß.

Vielleicht schrie ich, als uns eine Sturmbö packte. Ich weiß jedenfalls, daß ich zu John hinüberschaute und hoffte, in seinem Gesicht etwas zu finden, das mich beruhigte – zu meinem Schrecken suchte ich jedoch vergeblich. Ich sah, wie das Steuerbordbackstag nachgab, und gleich darauf knickte der dicke hölzerne Mast wie ein Streichholz und riß alles – Fallen, Blöcke, Wanten und Segel – seitwärts mit sich über Bord. John drehte sich zu mir und sah mich an. Die Verblüffung stand in seinem Gesicht geschrieben.

Dann geschah etwas, das noch viel verblüffender war. Ich brach nicht in Tränen aus und sank auch nicht als Häuflein Elend auf dem Deck zusammen. Meine Psyche geriet nicht aus den Fugen. Ich sagte mir, daß gerade etwas Schlimmes, sogar etwas sehr Schlimmes passiert war, aber ich atmete ja noch. Ich war ja noch wohlauf.

»Okay, Leute«, rief ich und war selbst erstaunt über den kräftigen Klang meiner Stimme. »Wir müssen das Takelzeug längsseits ziehen, bevor es noch mehr Schaden anrichtet. Hol mal einer einen Schraubenzieher, damit wir das Großsegel losbekommen. Wir müssen die Segel aus dem Wasser kriegen!« Ich sah, wie John mir lächelnd zuschaute, und hatte verstanden, daß auch er alles verstanden hatte.

Man schleppte uns zu unserer Muring zurück, und dann ließen wir uns vom Zubringerboot zur Küste fahren. Der ganze Segelclub kam herbeigelaufen, um zu sehen, wie ich mich hielt. Ich glaube, jeder erwartete, ich würde auf einer Bahre von Bord getragen werden müssen.

»Wir brauchen einen neuen Mast«, sagte ich auf dem Heimweg zu John. »Laß uns morgen mitsegeln.«

So geschah es dann auch. Wir arbeiteten bis tief in die Nacht, um der »Venture« eine neue Takelage zu verpassen, und als das Boot zur Startlinie geschleppt wurde, sah man uns immer noch herumwerkeln. Als jedoch um 14 Uhr der Startböller dröhnte, waren wir, sehr zum Erstaunen der anderen Teilnehmer, mit allem fertig geworden. Wir hatten einen hervorragenden Start und umrundeten die Wendemarke in der Spitzengruppe. Wir lagen an vierter Stelle, dann an dritter, schließlich an zweiter. Ich schaute nach achtern zu John hinüber und hob den Daumen.

Ich fühlte die Sonne auf meinem Gesicht, schmeckte die salzige Gischt und hörte das betörende Summen der Takelage. Ich schrie und reckte die Fäuste in die Luft. John legte das Boot noch besser in den Wind, und ich spürte, wie es sich hob, auf den kleinen Wellenkämmen aufritt und vor lauter Tempo bebte. Während das hochspritzende Wasser auf mich herabregnete, packte mich die pure und reine Freude und ließ mich aufjauchzen. In diesem Augenblick wußte ich, wußte ich aus tiefstem Herzen: Das waren keine Segel, die mich dahintrugen. Es waren Flügel.

BERICHT DER KÜSTENWACHE

Auszüge aus dem Abschlußbericht des mit der Untersuchung beauftragten Offiziers des United States Coast Guard Marine Safety Office (für Marinefragen zuständiges Sicherheitsbüro der US-Küstenwache) in Wilmington, North Carolina.

Um 06.54, 24. Oktober, nahm TRASHMAN Funkkontakt auf mit der United States Coast Guard (USCG) Station in Georgetown, South Carolina. Bei diesem Kontakt handelte es sich laut TRASHMAN um eine Positionsmeldung, nicht um einen Seenotruf. Ferner wurde gemeldet, daß das Fahrzeug antriebslos sei und beigedreht habe. . . .

Um 17.10 meldete sich TRASHMAN über Funk bei der USCG-Gruppe in Charleston, South Carolina. Zugleich mit der Positionsmeldung ... gab TRASHMAN durch, daß sie unter Segel eine Fahrt von fünf bis fünfeinhalb Knoten mache, daß die Hilfsmaschine außer Funktion sei und die Batterien schwach würden. Ebenso wurde durchgegeben, daß derzeit keinerlei akute Gefahr bestünde. Charleston nannte TRASHMAN als nächstliegenden Hafen Wilmington, North Carolina. TRASHMAN stimmte zu, Kurs auf diesen Hafen zu nehmen, obwohl es dadurch erforderlich wurde, breitseits zu Wind und Wellen zu laufen. ...

Um 08.55 teilte John Lippoth der Gruppe Charleston mit: »Ich glaube, ich muß Sie um Hilfe bitten« ... Er meldete seine Position. ...

Ungefähr um 09.25 meldete Mark Adams nach Charleston, daß kein Seewasser mehr ins Schiff eindringe und daß dem Schiff »lediglich der rauhe Wind ein bißchen zu schaffen macht«, aber er hielt die Bitte um Beistand von seiten der Coast Guard aufrecht. Das Radio Control Center des fünften Coast Guard District gab Anweisung, daß ein Flugzeug, Typ C-130, von Elizabeth City, North Carolina, aufsteigen soll, um das Schiff zu lokalisieren und gegebenenfalls Beistand zu leisten. ...

Um 09.50 traf CG 1347 (die C-130) über der TRASHMAN ein. Das Flugzeug beobachtete ... extrem starke Gischt auf Seehöhe und die TRASHMAN, die breitseits zum Seegang lag. ... Zwischen dem Flugzeug und der TRASHMAN wurde Funkkontakt hergestellt. Hierbei ergab sich, daß unmittelbare Hilfe nicht benötigt wurde, abgesehen von Schlepphilfe, die ein Flugzeug jedoch nicht zu leisten vermag.

Um 11.05 wies das Flugzeug die TRASHMAN an, zur Schonung der Batterien die Elektronik abzuschalten und die Funkanlage lediglich einmal pro Stunde für einen Kontrollruf in Betrieb zu setzen. Ebenso wurde die TRASHMAN davon in Kenntnis gesetzt, daß sich das Motorschiff GYPSUM KING (UK) mit einer geschätzten Ankunftszeit von fünfeinhalb Stunden auf dem Weg zu ihr befindet.

Die GYPSUM KING wurde vom Radio Control Center des fünften Coast Guard District um 10.20 um Hilfeleistung gebeten. Das Schiff nahm trotz der schlechten Wetterbedingungen sofort Kurs auf die TRASHMAN. Das Flugzeug gab hinsichtlich der Beobachtungen und Instruktionen an TRASHMAN keine Nachricht nach Charleston durch. Die Maschine begab sich von der TRASHMAN aus auf die Suche nach dem Segelschiff OBLIGATION. Das Flugzeug hatte in einem Motor Generatorschaden und mußte auf dem Weg zur OBLIGATION mit starken Scherwinden kämpfen. Um nicht das Leben seiner Besatzung aufs Spiel zu setzen, entschloß sich der Kommandant des Flugzeugs, nach Wilmington, North Carolina, zu fliegen.

Um 12.00 machte die TRASHMAN den vereinbarten Kontrollruf nach Charleston und meldete ihre Position.... Charleston informierte die TRASHMAN über die auf 20.00 geschätzte Ankunftszeit der GYPSUM KING. Zwischen Charleston und der GYPSUM KING fand eine Kommunikation nicht statt. Charleston wies die TRASHMAN an, möglichst Strom zu sparen und um 13.00 erneut Kontakt aufzunehmen ...

Um 13.13 versuchte Charleston von sich aus, mit der TRASHMAN Verbindung aufzunehmen. Der Versuch verlief ergebnislos, eine Suchaktion wurde jedoch nicht in Gang gesetzt. Hiernach gab es von seiten der Coast Guard keinerlei Versuch mehr, mit dem Schiff Kontakt aufzunehmen oder danach zu suchen ...

Von 15.50 am 24. Oktober bis 00.00 am 25. Oktober lag die EXXON HUNTINGTON wegen des Schlechtwetters ungefähr sechseinhalb Meilen westsüdwestlich der von der TRASHMAN gemeldeten Mittagsposition beigedreht.

Um ungefähr 15.35 erhielt die CG-Gruppe Charleston von einer unbekannten Person die Mitteilung, daß sich die TRASHMAN auf dem Weg nach Wilmington, North Carolina, befindet.

Um ungefähr 21.10 erhielt die CG-Gruppe Charleston die Mitteilung, ebenfalls von einer unbekannten Person, daß sich die TRASHMAN in Wilmington, North Carolina, in Sicherheit befindet ...

Am 28. Oktober ... entdeckte ein russisches Fischereifahrzeug, die OLENEGORSK, VHBS das Schlauchboot mit den beiden Überlebenden ... Die Überlebenden wurden in Morehead City, North Carolina, an Land gebracht.

Am 2. November wurde von der S/V BELLE VAN ZUYLEN in der Nähe von Diamond Head Light, Cape Hatteras, North Carolina, ein Schlauchboot gefunden. Das Schlauchboot wurde nach Fort Lauderdale, Florida, gebracht und dort von Deborah Scaling als das Schlauchboot der TRASHMAN identifiziert ...

Der folgende Artikel wurde aus dem Russischen übersetzt. Er stammt aus der Feder des Schiffsarztes des Frachters »Olenegorsk«, Dr. Leonid Vasiliev.

Am 28. Oktober 1982 war der Frachter »Olenegorsk« mit einer Ladung von Kuba nach Kanada unterwegs. Die Wetterverhältnisse waren schlecht: Wind mit sieben bis acht Knoten, Wellen von drei bis vier Metern Höhe. Gegen Mittag sichtete der diensthabende Navigator Yu. P. Kaveshnikov 170 Meilen vor der amerikanischen Küste (in Höhe des Staates North Carolina) in großer Entfernung ein kleines Boot, dessen Insassen signalisierten, daß sie dringend Hilfe benötigten.

Eine Woche zuvor hatte ein Hurrikan die amerikanische Ostküste heimgesucht. Eine Reihe von Schiffen war dabei gesunken. Wir hatten durch die Küstenwache über Funk von den Unglücksfällen erfahren.

Als wir die Überlebenden entdeckten, änderten wir sofort unseren Kurs und leiteten ihre Rettung ein. Beim Näherkommen sahen wir in einem kleinen Schlauchboot einen jungen Mann und eine junge Frau sitzen. Aus einer Entfernung von 60 bis 70 Metern wirkten die beiden unbeschwert und heiter. Ihre Kleidung und ihre lächelnden Gesichter gaben nicht den geringsten Hinweis auf die Tragödie, die sie erlebt hatten und von der wir zu diesem Zeitpunkt noch nichts wußten.

Wir entschlossen uns zu einem Wendemanöver, um näher an das Boot heranzukommen. Dann wollten wir eine Leine auswerfen, das Boot längsseits holen und die Insassen an Bord bringen. Wegen des hohen Seegangs und der starken Strömung blieb unser erster Versuch ergebnislos. Erst beim dritten Wendemanöver kamen wir auf etwa 40 Meter an das Boot heran.

Unser erfahrener Bootsmann A. M. Zaichenko gab den Befehl, über Heck einen Rettungsring an einer langen Rettungsleine (über 100 Meter) auszuwerfen sowie zwei kürzere Leinen über Backbord. Es sollte sich erweisen, daß diese Vorsichtsmaßnahmen nicht umsonst ergriffen worden waren.

Der Matrose A. Antonov warf die Leine aus, sie kam jedoch um einige Meter zu kurz vor dem Boot auf. Es war, als sollten unsere Bemühungen zunichte gemacht werden. Obendrein wurden die Überlebenden durch die Strömung von uns fortgetragen. Aufgrund einer falschen Deutung unserer Absichten sprang zuerst der junge Mann ins Wasser, dann folgte ihm die junge Frau. Sie versuchten schwimmend die Rettungsleine zu erreichen.

Der junge Mann bekam die Leine zu fassen und packte den Rettungsring mit beiden Händen, die junge Frau wurde jedoch von einer Welle fortgespült und durch die Strömung am Rumpf des Schiffes entlanggetrieben. Als der junge Mann dies bemerkte, ließ er den Rettungsring los und schwamm hinter der jungen Frau her. Die Beobachter an Deck sahen mit Schrecken, wie die Strömung die beiden forttrug; ein ums andere Mal verschwanden sie unter hohen Wellen. Eine Tragödie schien sich anzubahnen.

Dank der am Rettungsring befestigten Leine, die über eine so beträchtliche Entfernung ausgeworfen worden war, gelang es uns dennoch, das Paar aus dem Wasser zu ziehen. Der junge Mann und die junge Frau klammerten sich verzweifelt an ihre letzte Hoffnung – den Rettungsring. Unglücklicherweise war das Schiff nicht völlig zum Stillstand gekommen. Zudem geriet die Leine immer wieder ruckartig unter Spannung, und es war zu befürchten, daß sie riß. Sechs Besatzungsmitglieder hatten an Deck längsseits eine Kette gebildet und begannen, den Rettungsring, und mit ihm die Überlebenden, langsam einzuholen. Immer wieder verschwanden die beiden

Personen in den Wellen, und wir bangten, daß nur noch der Rettungsring übrigbleiben würde. Dieses Mal jedoch stand das Glück auf unserer Seite. Es gelang uns schließlich, das Paar an das Fallreep heranzuziehen, das genau im richtigen Augenblick heruntergelassen worden war.

Durch Schwimmweste und Gurt gesichert, begab sich der Schiffszimmermann Yu. Dogarev die Gitterstufen des Fallreeps hinunter. Unter großen Schwierigkeiten gelang es ihm, die beiden Überlebenden gerade noch rechtzeitig auf das Fallreep zu ziehen. Im selben Augenblick schlug plötzlich eine Welle über den dreien zusammen. Der tückische Ozean machte einen letzten Versuch, uns jene zu entreißen, deren Schicksal schon so gut wie besiegelt gewesen war. Unser Yura erwies sich jedoch als Herr der Lage und hielt die Überlebenden auf dem Fallreep fest.

Der junge Mann und die junge Frau waren völlig am Ende ihrer Kräfte. Sie waren nicht in der Lage, ohne fremde Hilfe zu gehen, und wurden schnellstens in das Krankenrevier unseres Schiffes gebracht. Beide zeigten Symptome von Schock, Unterkühlung und Dehydration. Ihre Haut war von einer Unzahl nässender Geschwüre bedeckt. Intensive medizinische Versorgung mit Bluttransfusionen, Wärmebehandlung usw. wurde eingeleitet.

Nachdem sich der Zustand der beiden Überlebenden etwas gebessert hatte, erzählten sie von sich selbst und berichteten von den unglücklichen Ereignissen, die sie durchgemacht hatten.

Debby Skanding [so im Text!], 21, aus New Orleans ist eine erfahrene Yachtseglerin, die in den Gewässern vieler Länder gesegelt ist.

Brad Cavanagh, 22, stammt aus Massachusetts und ist Student an einer Universität.

Am 22. Oktober waren sie und einige Freunde von Florida aus mit einer zweimastigen 15-Meter-Yacht zu den Bahamas aufgebrochen. Die fünfköpfige Besatzung bestand aus zwei Frauen und drei Männern. Am Tage, nachdem sie Segel gesetzt hatten, brach ein schwerer Sturm los, in dessen Verlauf einer der Masten brach. Kurz darauf wurde von einer Welle eine Luke aufgerissen; die Yacht lief voll Wasser und sank innerhalb von Minuten. Dies ereignete sich am Morgen des 23. Oktober. Allen fünf Mitgliedern der Besatzung gelang es, ein kleines, aufblasbares Rettungsboot zu erreichen. Eine der Frauen, die offensichtlich der außerordentlichen Anstrengung nicht gewachsen war, fand alsbald den Tod und mußte der stürmischen See übergeben werden. Nach Aussage von Brad und Debby wurde das Rettungsboot ständig von Haien umkreist, was die Gespanntheit der Lage noch zusätzlich erhöhte. Eine weitere Verschlimmerung der Situation ergab sich durch den Umstand, daß das Rettungsboot diese Bezeichnung in keiner Weise verdiente; es enthielt weder Decken noch Verpflegung noch sonst irgend etwas von der Ausrüstung, die sich für Notfälle an Bord eines Rettungsbootes befinden sollte.

Fünf Tage und fünf Nächte trieb das Boot auf offener See. Die extreme Nervenbelastung, Angst, Hunger und Durst forderten ihren grausamen Tribut. Zwei der Männer verloren den Verstand. Einer der beiden sagte, er wolle auf ein Bier und eine Zigarette in eine Bar gehen und sprang in die See. Der andere folgte ihm wenig später nach. Nur kurze Zeit darauf wurden die Überlebenden vom diensthabenden Navigator unseres Schiffes gesichtet.

Debby und Brad betonten, daß während ihrer fünf Tage und Nächte auf See einige Schiffe, darunter auch ein amerikanisches, an ihnen vorbeigefahren seien, daß aber keines zu ihrer Rettung herbeigeeilt sei.

Zum Zeichen ihrer Dankbarkeit küßten uns die Amerikaner die Hände, und Debby verlieh ihrem Dank noch zusätzlich dadurch Ausdruck, daß sie uns ihr Halskettchen schenkte.

Unsere gesamte Besatzung war voller Mitgefühl und Anteilnahme für die Überlebenden; praktisch jeder versuchte auf irgendeine Weise etwas zur Verbesserung ihrer Lage beizutragen, und alle machten sich große Sorgen um den Gesundheitszustand der Geretteten. Die Besorgnis war berechtigt. Als Folge der Unterkühlung und der Erschöpfung stellte sich bei beiden eine Lungenentzündung ein.

Der Funkoffizier unseres Schiffes nahm Verbindung mit der US-Küstenwache auf. Man kam überein, die Überlebenden zum nächsten amerikanischen Hafen zu bringen, von wo aus sie in ein Krankenhaus eingeliefert werden konnten. Debby und Brad verbrachten etwa zwölf Stunden an Bord unseres Schiffes. Am 28. Oktober ankerten wir gegen Mitternacht auf Höhe des Hafens von Beaufort. Wir zogen den geretteten Amerikanern wärmende wollene Kleidung an und brachten sie vorsichtig an Bord eines kleinen Küstenwachkutters. Brad und Debby drückten uns ihren tiefempfundenen Dank für die Rettung aus und bedauerten, daß es ihnen zum gegebenen Moment nicht möglich sei, sich in materieller Weise erkenntlich zu zeigen. Es war ihnen nicht bekannt, daß sowjetischen Seeleuten eine derartige Vorstellung völlig fremd ist. Unser größter Lohn waren die hochherzige Begeisterung und das befriedigende Gefühl, Menschen das Leben gerettet zu haben.

Am Tage darauf schickte der Kommandeur der 5. Abteilung der US-Küstenwache, J. Costello, unserem Kapitän ein Telegramm, in dem er unserer gesamten Besatzung seinen Dank ausdrückte für die Aktion zur Rettung der beiden Überlebenden, einer Aktion, in der nach Costellos Worten die besten Traditionen der Seefahrt ihren Ausdruck gefunden haben.

Eine Woche später traf unser Schiff in Montreal ein. Wir telefonierten nach New Orleans, in der Hoffnung, von den Eltern etwas über Debbys Gesundheitszustand zu erfahren. Zu unserer Überraschung und Freude kam Debby selbst ans Telefon und teilte uns mit, sie sei noch unter ärztlicher Beobachtung, aber es gehe ihr gut, und Brad befände sich ebenfalls wohlauf. Die letzten Worte, mit denen sich die junge Amerikanerin verabschiedete, waren: »Ich liebe alle Russen.«

ZUM DANK

Ohne das Verständnis meiner Freunde, meiner Familie und meiner Berufskollegen hätte ich dieses Buch nicht schreiben können. Mein Dank gilt der Colorado Springs School and Outward Bound; dort lernte ich, an mich selbst zu glauben und die Fähigkeiten zu entwickeln, die ich zum Überleben brauchte.

Ich möchte ferner Jill Kneerim, Nina Ryan, Ike Williams und Art Horan dafür danken, daß sie an dieses Buch geglaubt haben, und zwar vom allerersten Moment an. Dank gebührt auch Harry Foster für seine Geduld und seinen Rat und Meg Noonan für ihr Geschick und ihr Einfühlungsvermögen. Ebenso zu Dank verpflichtet bin ich Nim Marsh und Jeremy McGeary, die beteiligt waren, als die ursprüngliche

Idee zu diesem Buch gefaßt wurde. Auch Anamika und Anne Hoye möchte ich danken, die mir halfen, den seelischen Druck und die Wut zu ertragen, die die zurückkehrenden Erinnerungen wieder in mir auslösten. Sie haben mich gelehrt, das Licht zu sehen.

Gedankt sei auch meiner Familie und meinen Freunden, die in den Zeiten der Wirrungen zu mir gehalten haben. Ihre Unterstützung, ihre Liebe und ihr Verständnis waren unerschütterlich. Ein Dankeschön an Bamama, Dad und Betty, Jan White, Diana »Lady Di« Kirk, Judy Brodkin, Michele Powers, Jane McDonough, Peter Webster, Tante Skeet und Onkel Jim Calhoun sowie an Tisa und Dave Brian. Ein ganz besonderer Dank geht an Brad, der zwar nicht immer mit mir einer Meinung ist, aber trotzdem zuhört, und an meine Mutter, die dafür sorgte, daß ich zäh und widerstandsfähig wurde.

Schließlich danke ich meinem Mann John und meinen Kindern Marka und Quatro für ihre bedingungslose Liebe und dafür, daß sie immer für mich da waren.

Die bewegende Geschichte einer Liebe
in der Begegnung zweier Kulturen

KENNETH GOOD · DAVID CHANOFF

YARIMA

Ich brach auf, um ein Volk im Urwald des Orinoco zu erforschen. Was ich fand, war eine ungewöhnliche Liebe.

Die bewegenden Erfahrungen des Völkerkundlers Kenneth Good, der viele Jahre bei den Urwaldindianern am oberen Orinoco lebt und dort eine junge Frau heiratet – YARIMA.
Es beginnt ein dramatischer Kampf um YARIMA, die er nur schützen kann, wenn er dieses Kind des Dschungels in seine Welt der technischen Zivilisation führt ...
Dieses Buch ist das bewegende Dokument einer Liebe, der Begegnung von Kulturen und des Traumes von einer Welt mit menschlichem Gesicht.

Aus dem Amerikanischen von Klaus Pemsel.
416 Seiten. Gebunden mit Schutzumschlag.

GUSTAV LÜBBE VERLAG

Der abenteuerliche Bericht einer jungen Frau, die ihren Hunger nach Leben teuer bezahlte.

BÉATRICE SAUBIN

DIESER HUNGER NACH LEBEN

Mit 20 Jahren in Malaysia zum Tode verurteilt

1959 in einem kleinen französischen Provinznest geboren, von der Mutter abgeschoben, von der Großmutter eingeengt, wird Béatrice Saubin ihren Hunger nach Leben teuer bezahlen.
Ihre abenteuerlichen Reisen durch Asien enden, als sie zwanzig Jahre alt ist und zum Werkzeug professioneller Drogenschmuggler wird – vor Gericht. Das Urteil: Tod durch Erhängen.
Zehn Jahre verbringt Béatrice unschuldig in den Gefängnissen Malaysias. Zehn Jahre, die ihr niemand wiedergeben kann. Gestohlene Jahre, die dennoch nicht verloren sind. Der erschütternde Bericht einer jungen Frau, die Freiheit suchte und sie dort fand, wo sie sie am wenigsten vermutete ...

Aus dem Französischen von Xénia Gharbi
und Martin Schoske
384 Seiten. Gebunden mit Schutzumschlag

GUSTAV LÜBBE VERLAG

Die »Trashman«

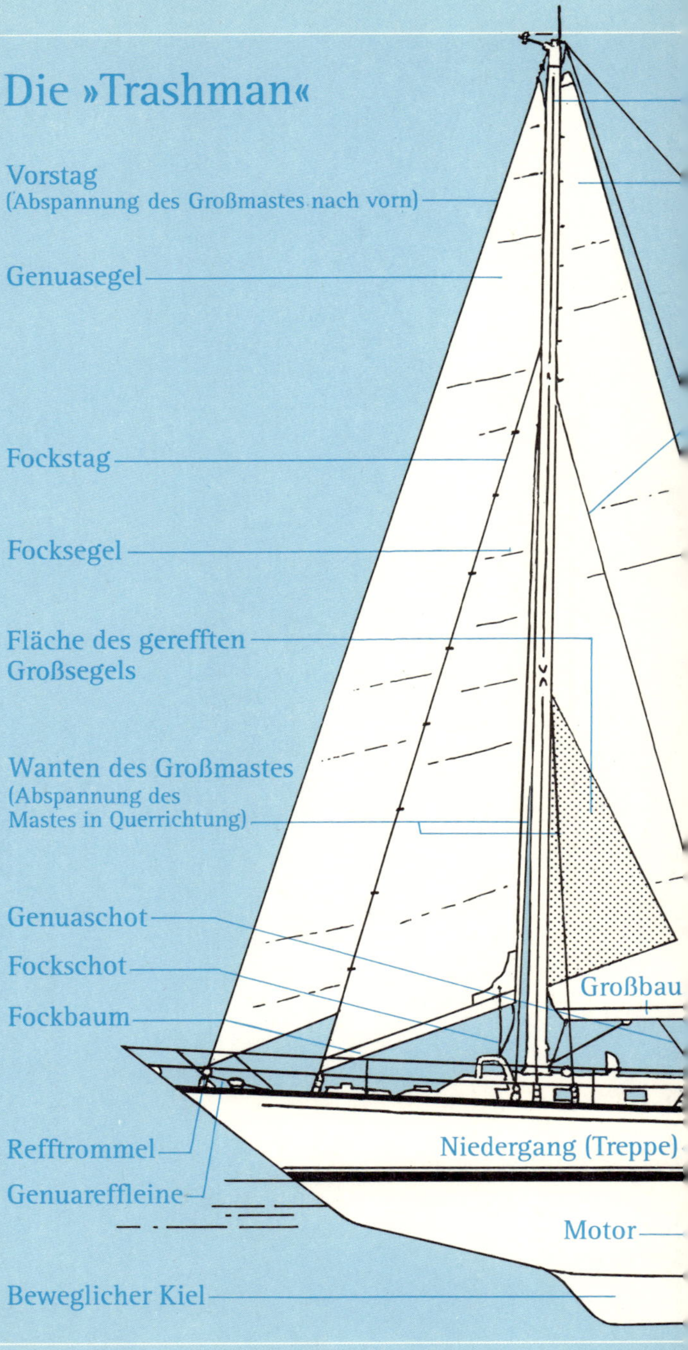